Sabina M. M. Scherer

Mehr als ein Zellhaufen

Wie wir konstruktiv über Abtreibung sprechen können

SABINA M. M. SCHERER

Mehr als ein Zellhaufen

Wie wir konstruktiv über Abtreibung sprechen können

SCM
Hänssler

SCM

Stiftung Christliche Medien

SCM Hänssler ist ein Imprint der SCM Verlagsgruppe,
die zur Stiftung Christliche Medien gehört, einer gemeinnützigen Stiftung,
die sich für die Förderung und Verbreitung christlicher Bücher, Zeitschriften,
Filme und Musik einsetzt.

MIX
Papier | Fördert gute Waldnutzung
FSC® C014496

Max-Eyth-Straße 41 · 71088 Holzgerlingen
Internet: www.scm-haenssler.de; E-Mail: info@scm-haenssler.de

Die Internetlinks wurden am 21. 12. 2023 auf ihre Aktualität überprüft.

Lektorat: Cordula Orth
Umschlaggestaltung: Kathrin Spiegelberg, www.spika-design.de
Titelbild: freepik.com
Satz: typoscript GmbH, Walddorfhäslach
Druck und Bindung: GGP Media GmbH, Pößneck
Gedruckt in Deutschland
ISBN 978-3-7751-6212-8
Bestell-Nr. 396.212

»Dieses Buch ist ein bedeutender und umfassender Beitrag zur Pro-Life-Bewegung, der hoffentlich einige der Vorurteile gegen diese abbaut und mehr Menschen verstehen hilft, warum das Leben ungeborener Menschen genauso wertvoll ist und es sich lohnt, dafür zu kämpfen. Wir empfehlen die Lektüre dieses Buches jedem, der Antworten und Wissen zu diesem Tabuthema sucht.«

Alicia und Andreas Düren,
sundaysforlife

»Sabina Scherer liefert mit ihrem Buch viele wichtige Impulse und Gedankenanstöße für die Debatte über Abtreibung. In kompetenter Weise analysiert sie die Stichhaltigkeit der gängigen Argumente, die zugunsten von Abtreibungen angeführt werden, und geht dabei auch selbstkritisch auf weniger hilfreiche Argumente von Lebensschützern ein. Für jeden, der sprachfähig darin sein möchte, seine Pro-Life-Position auf emphatische und kompetente Weise zu kommunizieren, wird dieses Buch enorm hilfreich sein. Ein wertvoller Beitrag ist ihr Buch dabei auch deshalb, weil es nicht auf einer rein argumentativen Kritik an Abtreibungen stehen bleibt. Es appelliert zu einer Kultur des Lebens und dazu, alle im Blick zu haben: ungeborene Menschen genauso wie schwangere Frauen.«

Simon Garrecht,
Initiator des Apologetik Projekts

»Für die einen ein Menschenrecht, für die anderen Barbarei: Zwischen diesen beiden Polen bewegt sich die Abtreibungsdebatte, die an Schärfe in dem Maße zugenommen hat, wie Abtreibungen in der westlichen Zivilisation selbstverständlicher wurden. Sabina Scherer ist überzeugt: Wer sein Gegenüber vom Wert des menschlichen Lebens überzeugen möchte, muss diese Schärfe aus der Debatte herausnehmen. Ihr Buch »Mehr als ein Zellhaufen« leistet dazu einen großen Beitrag. Scherers Credo: die Wahrheit mit Liebe zum Leuchten bringen. Wie einfach letztendlich diese Wahrheit zu verstehen ist, wie nachvollziehbar die dahinter liegende Argumentation – das bringt Scherer auf den Punkt. Sie setzt sich dafür umfassend und pointiert mit den gängigen Argumenten der Abtreibungsbefürworter auseinander und weist nach, wie bedeutungslos sie angesichts der grundlegenden Wahrheit sind: Wenn ein ungeborenes Kind ein Mensch ist, hat keines von ihnen Bestand. Die klare Struktur und Sprache des Buchs machen es zu einer in jeder Hinsicht gewinnbringenden Lektüre.«

Cornelia Kaminski,
Bundesvorsitzende der ALfA e.V.

Inhalt

Persönliches Vorwort

»Mama, was würdest du sagen, wenn ich jetzt schwanger wäre?«, fragte ich mit vielleicht 15 oder 16 Jahren meine erzkonservative Mutter. Ihre Antwort auf diese Frage hat sehr viel damit zu tun, was ich heute mache und was mich antreibt. Doch ich möchte zunächst der Spannung halber ein wenig ausholen.

Mein Name ist Sabina Scherer, ich bin Psychologin, Mutter und engagiere mich in den sozialen Medien für den Schutz des ungeborenen Lebens. Sehr oft werde ich gefragt, wie es dazu kam. Gab es ein konkretes Ereignis, einen »Auslöser«, der mich dazu bewog? Die Kurzversion der Geschichte lautet: Das Thema war gefühlt »schon immer« eines meiner Herzensanliegen. Mein Engagement in den sozialen Medien begann ich dann in Elternzeit mit meinem ersten Kind, als ich selbst auf der Suche nach einem deutschsprachigen Podcast zum Thema Lebensschutz bzw. Abtreibung war. Da ich nicht fündig wurde, beschloss ich kurzerhand, diese Lücke selbst zu füllen. So entstand mein Podcast »Ein Zellhaufen spricht über Abtreibung«.

Was mich lange Zeit hemmte, war eine Erfahrung, die wohl viele Menschen kennen, die meinen Standpunkt teilen. Man liest beispielsweise einen Artikel auf Social Media zum Thema Abtreibung, schaut in die Kommentare und wird förmlich überrollt von einer Welle des Zuspruches für das Entscheidungsrecht von Frauen: Man lebe ja wohl nicht mehr im Mittelalter, es sei ja unerhört, dass wir »darüber« heutzutage immer noch diskutieren müssen, warum man es sich anmaße, über die Körper junger Frauen zu bestimmen. Doch nicht nur die Äußerungen von Privatpersonen, auch mediale Darstellungen lassen darauf schließen, dass man mittlerweile recht alleine dasteht oder zumindest einem ganz rückständigen Personenkreis angehört, wenn man sich für das Lebensrecht Ungeborener ausspricht. Es schien mir mühsam, fast schon sinnlos, die Nuancen und Argumente meiner Sicht der Dinge darzustellen. Daher lautete meine Devise lange Zeit: Den Ärger spar ich mir. Macht ja doch keinen Unterschied.

Heute weiß ich: Es macht einen Unterschied. Nicht, weil es nicht schon viele wunderbare, engagierte Menschen gäbe, die sich für den Schutz der Ungeborenen einsetzen. Nicht, weil zu dem Thema nicht schon alles gesagt wäre. Sondern weil Menschen andere Menschen brauchen, um sich zu orientieren. Menschen, die außerhalb der üblichen Muster denken und sprechen. Menschen, die ihrem Anliegen ein Gesicht geben – oder die sie dazu herausfordern, ihren Standpunkt zu überdenken. All das ist mir in kurzer Zeit nach Beginn meines Engagements schneller gelungen, als ich gedacht hätte. Aber wieso?

Ein Plädoyer für Mutter, Kind und Wahrheit

Ich liebe an der Wahrheit, dass sie nicht nur richtig und gut, sondern auch schön ist. Es ist für mich ein Kennzeichen göttlicher Wahrheit, wenn sich alle Aspekte einer Sache zu einem harmonischen, wundervollen Ganzen zusammenfügen und so auf unterschiedlichen Ebenen Sinn ergeben. So gelangte ich im Laufe der Zeit zu der Erkenntnis, dass es keinen vernünftigen Grund dafür gibt, das Lebensrecht des Kindes nicht mit voller Überzeugung zu verteidigen. Denn egal aus welcher Perspektive ich die Thematik betrachte: Ich finde Antworten, die zwar nicht immer dem Zeitgeist entsprechen, aber dafür von bestechender Logik und Klarheit sind und die es am Ende nur noch mit Menschlichkeit und Empathie zu verknüpfen gilt. Und vielleicht ist es das, was mir besonders gut gelungen ist: die Argumente für den Schutz des ungeborenen Lebens mit Feinfühligkeit in aller Klarheit zu vermitteln, ohne Bewertung der Einzelschicksale, die der Thematik zugrunde liegen.

Der wunderbare Kern der Pro-Life-Botschaft lautet ja: Jeder Mensch verfügt über eine unveräußerliche Würde und bedingungslosen Wert. Dass damit alle im Konflikt Beteiligten gemeint sind, steht für Lebensschützer außer Frage. Dennoch entsteht manchmal der Eindruck, dass es uns in erster Linie um das Kind geht. Doch auch die Würde der Frau kann nur dann vollständig gewahrt werden, wenn sie in ihrem gesamten Sein, inklusive ihres Potenzials, ein Kind zu empfangen, bedingungslos angenommen und gefördert wird. Wie kann davon gesprochen werden, dass Abtreibung eine feministische Errungenschaft ist, wenn das zugrunde liegende Ideal der Mensch ist, der konsequenzlosen Sex haben kann (auch genannt: der Mann)? Und gleichzeitig dürfen und müssen wir anerkennen, dass es nicht das ultimative Ziel und die Bestimmung jeder Frau ist, Mutter zu werden. Dass Elternschaft viel zu lange in viel zu enge Muster gepresst wurde. Und dass der Preis für die Befreiung aus diesen Mustern dennoch niemals das Leben eines Kindes sein darf.

Nur wenn wir *jedes* Menschenleben gleichwertig betrachten und behandeln, können wir am Ende wahre Freiheit und Gerechtigkeit erreichen. Das Ziel lautet: Abtreibung unnötig und damit undenkbar zu machen. Indem wir konsequent die dem Konflikt zugrunde liegenden Nöte beseitigen anstatt der Kinder. Indem sich keine Frau im Konflikt mehr allein gelassen fühlt. Und indem jeder Mensch um die Unantastbarkeit der Würde des Menschen von Anbeginn seiner Existenz weiß. Das mag manchen Menschen unrealistisch vorkommen, andere würden es gar nicht erst als wünschenswert erachten. Mit Sicherheit wird es ein weiter Weg dorthin. Aber wenn wir heute den ersten Schritt tun, kann es uns gelingen.

Ach ja. Ich schulde ja noch die Antwort meiner Mutter auf die Frage, was sie sagen würde, wäre ich als Teenager schwanger geworden. Sie lautete: »Ich würde mich freuen.« Das und nichts anderes. Diese Gewissheit der bedingungslosen Annahme durch Angehörige wünsche ich jeder Frau und fordere ich von uns als Gesellschaft für alle Frauen und Kinder. Sie ist es, die wir brauchen, um Abtreibung langfristig undenkbar zu machen.

Einführung

Wie geht es dir, wenn du mit jemandem auf das Thema Abtreibung zu sprechen kommst? Oder wenn du einen Artikel, einen Fernsehbeitrag oder ein Posting im Internet dazu siehst? Höchstwahrscheinlich lässt es dich nicht kalt. Egal, in welchem Kontext das Thema Abtreibung diskutiert wird: Es ist immer ein »heißes Eisen« und die Debatten darüber werden schnell hochemotional. Wie könnte es auch anders sein, dreht es sich dabei doch um die tiefsten und gewichtigsten Themen des Menschseins: um Leben, Freiheit, Elternschaft, Selbstbestimmung, Sexualität und Würde – dazu kann kaum einer neutral stehen. Und dennoch halten sich viele Menschen mit ihrer Meinung lieber zurück.

Ob wir es wollen oder nicht: Das Thema Abtreibung ist Teil unserer persönlichen, gesellschaftlichen und politischen Realität. Wir tun gut daran, aus verschiedenen Perspektiven darauf zu blicken und seine Komplexität anzuerkennen. Leider sind Berichterstattungen oder Diskussionen zum Thema Schwangerschaftsabbruch oft einseitig, polemisch oder unschön. Teilweise werden Einzelschicksale überbetont und eine sachliche Diskussion damit von vorneherein ausgehebelt. Auf der anderen Seite gibt es Menschen, die ausschließlich auf der moralischen Ebene argumentieren und dabei ignorieren, welcher Realität Frauen im Schwangerschaftskonflikt ausgesetzt sind. Das kann zu dem Eindruck führen, es gäbe nur zwei Extreme, zwei konträre Positionen, deren Vertreter auch klar zwei sich feindlich gesinnten Lagern zuzuordnen sind. Unter solchen Bedingungen kann gesellschaftlicher Diskurs jedoch nicht fruchtbar werden.

Mich treibt schon lange die Frage um, was es braucht, damit die Diskussion rund um das Thema Abtreibung nicht nur ein Austausch hohler Phrasen bleibt. Gerade jetzt, wo sich die politischen und gesellschaftlichen Bedingungen im Umbruch befinden, dürfen wir an diesem Punkt nicht stehen bleiben. Die aktuelle Regierung sieht vor, den Paragrafen 218 außerhalb des Strafgesetzbuches zu regeln.[1] Währenddessen stieg die Anzahl der Abtreibungen im Jahr 2022 erstmals seit Jahren wieder an, und zwar um 9,9 Prozent im Vergleich zum Vorjahr.[2] Diese Entwicklungen machen deutlich, dass es jetzt wichtiger denn je ist, der Debatte nicht teilnahmslos zuzusehen. Es ist nicht egal, welches Menschenbild sich etabliert und welche Schlüsse daraus gezogen werden.

Einladung zum Perspektivwechsel

Die beste Voraussetzung für gesellschaftliche Spaltung ist es, wenn alle nur in ihren Blasen bleiben, niemals miteinander kommunizieren und ausschließlich mit denen sprechen, die sowieso die gleiche Meinung teilen. Wo das praktiziert wird, werden Sichtweisen oder Handlungen oft abgeurteilt, ohne die dahinterliegenden Überlegungen und Gedanken verstanden oder sich überhaupt damit auseinandergesetzt zu haben. Ein erster wichtiger Schritt zum gelingenden Diskurs ist daher die Auseinandersetzung mit den Argumenten und Positionen der verschiedenen Sichtweisen. Wer sich damit beschäftigt, verliert Berührungsängste und vielleicht sogar Vorurteile. Vor allem aber trägt es dazu bei, dass die Problematik nicht nur auf Grundlage der eigenen Prämissen betrachtet wird, sondern ein Verständnis für die Vorannahmen anderer Sichtweisen entsteht. Dieses Buch lädt dazu ein, die gängigsten Argumente in der Abtreibungsdebatte aus einer gesellschaftlich eher unpopulären Perspektive zu beleuchten: der, die das Lebensrecht des Kindes vollständig anerkennt und ernst nimmt. Wer den Anspruch der Neutralität hat, ist daher in diesem Buch falsch. Dennoch lohnt sich ein Blick, denn es werden an vielen Stellen überraschende oder unkonventionelle Gedanken dabei sein.

Dieses Buch soll mehr als eine Darlegung meines persönlichen Standpunktes sein, der sich im Übrigen in manchen Aspekten auch immer wieder verändert. Ich möchte nicht einfach Entgegnungen auf Floskeln anbieten, sondern überlegen, welche Annahmen und Intentionen hinter Aussagen stehen können. Es ist eine Einladung zum Perspektivwechsel, sowohl auf kognitiver als auch auf emotionaler Ebene. Alle, die dieses Buch lesen, sollen dadurch ermutigt werden, die eigenen Ansichten kritisch zu hinterfragen, zu überprüfen und gegebenenfalls anzupassen. Ob du am Ende zu komplett anderen Schlüssen kommst als ich oder ob du dich in deiner Meinung bestärkt fühlst: Das Entscheidende ist, dass wir überhaupt in den Diskurs gehen und unsere Standpunkte begründet, empathisch und respektvoll darlegen können. Dazu soll dieses Buch eine Hilfe sein.

Ein Embryo ist kein Parasit

Die wichtigsten Argumente in der Abtreibungsdebatte und was es dazu zu sagen gibt

Es war im Religionsunterricht in der 12. oder 13. Klasse. Ich hatte Religion als Hauptfach gewählt und wir diskutierten oft und gerne über ethische und gesellschaftliche Themen. Als wir auf das Thema Abtreibung zu sprechen kamen, bot unser Klassenzimmer ein gutes Abbild der Gesellschaft: Ich argumentierte dagegen, zwei Mitschülerinnen dafür und der Rest der Klasse hüllte sich in Schweigen. »Wenn ein Kind bei einem Unfall schwer verletzt wird und eine Behinderung erleidet, ist es doch auch nicht in Ordnung, dieses Kind zu töten!«, brachte ich hervor. »Aber das ist doch etwas ganz anderes! Das Kind bekommt ja im Mutterleib noch gar nichts davon mit«, lautete die Antwort meiner Klassenkameradin. Ich spüre noch heute die schwitzigen Hände und das nachhallende Herzklopfen dieser Diskussion. Ihr Tonfall strotzte vor Empörung darüber, dass ich überhaupt auf die Idee kam, man könne ein geborenes mit einem ungeborenen Kind vergleichen …

Jeder kennt solche Situationen. Es sind die Momente, über die man noch mal nachdenkt, wenn man abends im Bett liegt und nicht schlafen kann. *Hätte ich bloß … gesagt! Ich hätte noch dieses und jenes Argument bringen sollen.* Oder man hat eine Gelegenheit verpasst, überhaupt in die Diskussion einzusteigen und ärgert sich dann darüber. Wenn dir das bekannt vorkommt, habe ich drei gute Nachrichten für dich:

1. Nicht jeder ist dazu berufen, auf gleiche Art und Weise zu allen Themen Stellung zu beziehen.
2. Jeder noch so scheinbar bedeutungslose Satz kann etwas bewirken.
3. Diskutieren kann man lernen! Und das fängt damit an, sich mit den Argumenten auseinanderzusetzen, die die Debatte prägen. Spoiler: Es sind fast immer dieselben.

Egal, um welches Thema es geht und egal, ob es sich um einen freundschaftlichen Meinungsaustausch, um eine Kommentarspalte in den sozialen Medien oder um einen Leserbrief in der Lokalzeitung handelt: Wer sich auskennt, ist klar im Vorteil. Dabei geht es weniger darum, Daten und Fakten aus dem Stegreif zitieren zu können, als zu verstehen, welche Intentionen und Prämissen hinter einzelnen Aussagen stehen. Für die Debatte um Abtreibung habe ich die gängigsten Argumente analysiert und aus verschiedenen Perspektiven beleuchtet, damit dir nächstes Mal keine Worte fehlen. Am Ende jedes Kapitels findest du einen oder mehrere Vorschläge, wie man »kurz und knapp« auf das jeweilige Argument antworten kann und so bestenfalls einen tieferen Einstieg in die Diskussion findet.

1. »Wenn du Abtreibung nicht magst, treib halt nicht ab, aber lass andere das selbst entscheiden«

Persönliche Entscheidung vs. moralisches Problem

Varianten: »Das muss jede Frau für sich selbst entscheiden«, »Niemand hat ein Recht darüber zu urteilen, welche Entscheidung eine Frau über ihren Körper trifft«, »Da gibt es kein Richtig oder Falsch«, »Kümmert euch lieber um geborene Menschen und lasst die Frauen in Ruhe«.

Im April 2023 beging eine deutsche Influencerin mit mehr als einer Millionen Followern einen Tabubruch: Sie informierte die Öffentlichkeit, noch bevor es so weit war darüber, dass sie eine Abtreibung vornehmen lassen würde. Sie sei sich über die zu erwartenden Reaktionen bewusst, doch sie wolle das Thema nicht totschweigen. Die Kommentare unter dem Posting reichten von bitterbösen Beschimpfungen bis hin zu verständnisvoller Bestärkung. Die dreifache Mutter selbst sagte über ihren Weg: *»Mein Leben hat nichts mit deinem Leben zu tun. Mein Körper hat nichts mit deinem Körper zu tun. Meine Entscheidung hat nichts mit deiner Entscheidung zu tun.«*[3]

Je nach Kontext können hinter solchen Aussagen verschiedene Intentionen oder Gedanken stehen. Grundsätzlich ist das Statement »Das muss jede Frau für sich entscheiden« erst einmal nicht mehr als eine Aussage, die man unabhängig vom eigenen Standpunkt bejahen kann. Kommt es zum Schwangerschaftskonflikt, wird jede Frau eine Entscheidung treffen müssen, das stimmt. Nach deutschem Recht ist auch sie alleine dazu befugt, diese Entscheidung zu treffen. Diese Interpretation trifft jedoch meist nicht vollständig die Intention des Sprechers. Implizit schwingt die Ergänzung mit: »... ob Abtreibung eine valide Entscheidung ist oder nicht«. Wenn es um die persönlichen Geschichten Betroffener geht, spielt mit Sicherheit der Schutz vor bösen Worten eine Rolle. Manchmal handelt es sich dabei aber auch um einen Appell, der die Diskussion im Keim ersticken will: Misch dich nicht in das Leben anderer Menschen ein, das geht niemanden etwas an. Vielleicht ist es bisweilen ein Versuch, die Begründung des eigenen Standpunkts zu umgehen. Was dabei leicht übersehen wird, ist der logische Fehlschluss, dem diese Haltung unterliegt: Die Forderung danach, nicht zu urteilen, ist selbst schon ein Urteil, nämlich dass

Abtreibung zumindest neutral zu bewerten sei. In keinem anderen Fall könnte man eine Sache einfach zur Privatsache erklären.

Die Frage, ob es sich bei Abtreibung um eine rein persönliche Entscheidung oder um eine ethische Problemstellung handelt, beantwortet sich damit schnell: Es ist beides. Hier zu differenzieren und dies zu kommunizieren, kann der Schlüssel zu einer konstruktiven und respektvollen Konversation sein. Auf individueller Ebene ist ein Schwangerschaftsabbruch eine sehr persönliche Entscheidung, deren Hintergründe letztlich nur die Frau selbst kennt. Nicht einmal der Vater des Kindes kann ohne Zweifel wissen, welche Verletzungen, Ängste oder Nöte die Schwangere im Konflikt begleiten. Daher gebietet es sich nicht, Betroffene – egal in welcher Phase des Konflikts sie sich befinden – zu verurteilen. Abgesehen davon, dass die Verurteilung durch Außenstehende wohl selten ein Kind gerettet hat, ist sie auch für den Diskurs reines Gift.

Abtreibung als ethische Problemstellung

Wenn wir Abtreibung als ethische Problemstellung betrachten, dann ist es selbstverständlich erlaubt und vielleicht sogar geboten, ein Urteil zu treffen, denn die Ethik als Kompass für menschliches Handeln dient ja letztlich dazu, Gesellschaft gerecht zu gestalten. Das gilt erst recht, wenn dieses Handeln mehr Menschen betrifft als nur den Akteur selbst. Ob das bei Abtreibung der Fall ist, ist einer der großen Streitpunkte in der Debatte.

Wenn wir einen ethischen Diskurs über eine Sache führen, versuchen wir sie gewissermaßen auf einem Spektrum von »schlecht« über »neutral« bis hin zu »gut«[4] zu verorten. Zwischen den Polen könnten Positionen wie »unter bestimmten Umständen« oder »in gewissen Fällen« stehen. Aus dieser Beurteilung folgen Konsequenzen für alle möglichen Handlungen, Haltungen und Umstände, die mit dieser Sache zu tun haben. Was für viele wahrscheinlich recht banal klingt, ist aber allgemein gar nicht so selbstverständlich. Allein die Frage, ob es objektiv Gutes und Böses überhaupt gibt, beschäftigt Philosophen ja seit Jahrtausenden. Ohne eine Antwort auf diese tiefen Fragen des Lebens finden zu müssen, tun wir gut daran, uns bewusst zu machen, dass unterschiedliche Menschen unterschiedliche Grundannahmen bezüglich Wahrheit und Moral haben. Deshalb verortet man seine eigene Meinung auf dem ethischen Spektrum oft ganz anders, als das jemand anders tun würde. Wer Schwangerschaftsabbrüche als Unrecht erachtet, wird die Aussage »Jede Frau muss das für sich entscheiden« aufgrund seiner Prämissen nicht als neutrale Position einordnen. Eine Person, die diese Aussage macht, wird sie jedoch durchaus für neutral halten.

Die Frau als moralische Instanz?

Eine Gynäkologin, mit der ich im Rahmen eines Projekts zu tun hatte, erklärte ihre Haltung damit, dass sie die Frau als *moralische Instanz* im Schwangerschaftskonflikt verstehe. Was sie damit sagen wollte: Ob Abtreibung moralisch richtig oder falsch, gut oder schlecht ist, entscheidet die Frau selbst. Dieser Aussage liegen verschiedene Prämissen zugrunde, die, jede für sich, diskussionswürdig sind und auch im Laufe der nächsten Kapitel aufgegriffen werden. Eine davon ist die Prämisse, dass es in manchen Fällen oder auch allgemein keine objektive Wahrheit gäbe. Sehr viele Christen glauben grundsätzlich daran, dass Gott die Quelle von und der Maßstab für Wahrheit ist. Doch auch unabhängig von theistischen Glaubensüberzeugungen kann man zu der Erkenntnis gelangen, dass es im gesellschaftlichen Zusammenleben objektive moralische Instanzen braucht, verbindliche Maßstäbe, nach denen menschliches Handeln bemessen wird. Sonst herrscht am Ende die Willkür. Dem würde die Mehrheit der Menschen vermutlich zustimmen, wenn es auch unterschiedliche Vorstellungen davon gibt, welcher Maßstab gelten sollte.

Der Wille des Volkes als moralischer Kompass?

Manchmal begegnet mir die Aussage, dass der Mensch letztlich im demokratischen Prozess selbst bestimmt, was gut und was böse ist. Der Gedanke dahinter: Was die meisten Menschen für richtig halten, ist zumindest in dem Moment auch richtig. Dabei lehrt uns die Geschichte, dass das mitnichten der Fall ist. Früher wie heute hielten Menschen die schrecklichsten Dinge für gut oder normal. Was gibt also Anlass zu glauben, dass wir jetzt und hier am Höhepunkt menschlicher Kultur angelangt sind und endgültig festgelegt (oder herausgefunden?) haben, was gut und was böse ist? Das wäre vermessen, denn auch der moderne Mensch ist beeinflussbar, anfällig für Propaganda und denkt nicht immer nur rational. Es bleiben zwei Optionen als Maßstab für Moral: Gott oder Ethik. Als weitgehend anerkannter säkularer Kodex gilt heutzutage die Menschenrechtscharta der Vereinten Nationen. Sie hält fest, welche Erkenntnisse über Gut und Böse in Bezug auf den Umgang mit Menschen im Laufe der Geschichte bereits gewonnen wurden. Doch am Ende stehen und fallen auch diese Erkenntnisse mit ihrer Interpretation und Umsetzung.

Alles eine Frage der Definition

Wenn die Debatte um Abtreibung uns eines lehrt, dann die Tatsache, dass in dieser Welt vieles eine Frage der Definition ist und davon, wer die Macht hat, diese festzulegen. Das wird im Verlauf der kommenden Kapitel noch deutlich. So ist es auch mit dem Gedanken, dass Abtreibung eine rein persönliche Entscheidung ist, die nichts mit Außenstehenden oder gar mit Wahrheit oder Moral zu tun hat. Er basiert auf der Grundannahme, dass die Schwangere die einzige (relevante) von der Abtreibung betroffene Person sei. Die Rolle und Relevanz des Vaters werden in diesem Kontext selten genannt, zumindest ist jedoch dessen Existenz als Person unstrittig. Erhebt man auf die anfängliche Aussage den Einwand, dass das Ungeborene ein weiterer Mensch ist, dessen Interessen gewahrt werden sollten, gelangt man schnell zu den Kernfragen der gesamten Abtreibungsdebatte:

- Ist ein Embryo überhaupt ein Mensch?
- Besitzt er Würde und Rechte?
- Und selbst wenn dem so ist – sollte die Entscheidung nicht trotzdem alleine bei der Mutter liegen?

Über diese und mehr Fragen werden wir im Folgenden genauer nachdenken. Du wirst sehen, dass beinahe jedes Argument in der Abtreibungsdebatte am Ende auf die Beantwortung dieser Fragen hinausläuft.

Fazit: Abtreibung ist sowohl eine persönliche Entscheidung als eine ethische Problemstellung. Wir können Abtreibung auf sachlicher Ebene *be*urteilen, ohne die Betroffenen im Hinblick auf ihre Entscheidung zu *ver*urteilen. Wir behandeln

Abtreibung als ethische Fragestellung, weil sie nicht nur die Schwangere selbst, sondern auch weitere Personen direkt oder indirekt betrifft.

KURZ UND KNAPP

»Ich verstehe, wie du zu diesem Standpunkt kommst. In der Tat ist die Entscheidung für oder gegen die Fortführung einer Schwangerschaft eine sehr persönliche. Allerdings gehe ich davon aus, dass der Embryo ein Mensch mit eigenem Recht auf Leben ist. Unter dieser Annahme kann mir die Thematik nicht egal sein. Kannst du das nachvollziehen?«

- Wo verortest du dich bzw. deine Meinung zu Abtreibung auf dem »ethischen Spektrum«?
- Welche Konsequenzen folgen daraus für die Frage, ob Abtreibung eine rein persönliche Entscheidung ist?

2. »Das ist ein Embryo, kein Mensch«

Die biologische Perspektive

Varianten: »Das ist nur ein Zellhaufen/eine befruchtete Eizelle/potenzieller Mensch/Gewebe/kein lebendiger Mensch usw.«

Vor einigen Jahren diskutierte ich auf Instagram mit einer jungen Medizinstudentin über das Thema Abtreibung. Ich war geradezu schockiert darüber, dass eine angehende Ärztin nicht mit mir übereinstimmen konnte, dass es sich bei einem Embryo um einen

Menschen handelt. Sie argumentierte mit der neuronalen Entwicklung und verglich den Embryo mit Tumorzellen – dabei redeten wir vermutlich ganz schön aneinander vorbei. Wenn es um die Frage geht, was ein Embryo ist, müssen wir die biologische Perspektive von der philosophischen Perspektive unterscheiden. Die Philosophie stellt die Frage danach, was den Menschen ausmacht und wer »Person« ist, also Träger von Würde und Rechten. Über diese Perspektive werden wir im nächsten Kapitel nachdenken. Die biologische Perspektive beschreibt hingegen, wann die Entwicklung des Menschen beginnt und was einen lebendigen Organismus ausmacht. Die Aussage »Ein Embryo ist noch kein richtiger Mensch, weil das Gehirn noch nicht vollständig entwickelt ist« ist also vielmehr ein philosophisches als ein biologisches Statement. Niemand bestreitet, dass ein Embryo noch kein ausgewachsener Mensch ist. Doch das ist ja gar nicht die Frage. Es geht darum, ob er überhaupt ein lebendiger Mensch ist. Und wenn nicht, was ist er dann?

Als Mensch oder zum Menschen?

Ein US-amerikanischer Doktorand befragte im Rahmen seiner Dissertation mehr als 5 500 Biologen dazu, wo sie den Beginn des Lebens verorten würden.[5] Die überwältigende Mehrheit, nämlich 96 Prozent der Befragten, teilte die Ansicht, dass die Befruchtung der Eizelle durch die Samenzelle der Startpunkt menschlicher Entwicklung sei. Dabei ist es interessant zu wissen, dass sich die Teilnehmer der Studie mehrheitlich als nicht religiös (63 %), liberal (89 %) und »Pro Choice« (85 %) bezeichneten. Biologen sind sich demnach darin einig, dass die Empfängnis einen entscheidenden Zeitpunkt darstellt, mit dem der kontinuierliche Entwicklungsprozess eines lebenden Organismus beginnt – der genau genommen erst mit dem

Tod wieder endet. In diesem Zusammenhang lautet eine der wichtigsten Fragen, ob der Mensch sich *zum Menschen* oder *als Mensch* entwickelt. Die Beantwortung dieser Frage zieht Konsequenzen für viele bioethische Thematiken nach sich. Sein ganzes Leben lang durchläuft das Individuum unterschiedliche Entwicklungsstadien, in denen es sich immer wieder in Form und Fähigkeiten verändert. Zu Beginn des Lebens sind diese Veränderungen noch extremer und deutlicher als später im Leben. Dennoch stellt sich die Frage, ob irgendeine dieser Veränderungen auch das *Wesen* dessen verändert, was dieser Organismus *ist*. Klar ist, dass es sich beim Embryo von Anfang an um ein *Lebewesen* bzw. einen *Organismus* handelt, der *individuelle DNA* besitzt und der Spezies *Mensch* angehört. Dass viele Menschen das nicht in Verbindung zu dem setzen, was wir landläufig unter dem Begriff *Mensch* verstehen, hat vor allem sprachliche Gründe, was später noch deutlicher wird.

> **Was unterscheidet einen Zellhaufen von einem lebenden Organismus?**
> Die Bezeichnung »Zellhaufen« wird oft abwertend für einen Embryo oder Fötus gewählt, um aufzuzeigen, dass dieser entweder noch gar nicht lebt oder kein Mensch ist. Dabei ist es kein Widerspruch, dass auch ein »Zellhaufen« ein lebendiger menschlicher Organismus sein kann: Bereits in den ersten Lebenstagen und -wochen, wenn der Embryo rein optisch noch eher einer Ansammlung von Zellen gleicht, erfüllt er entscheidende Kriterien, die das Leben kennzeichnen, wie Wachstum, Stoffwechsel, Bewegung oder Interaktion mit seiner Umwelt.

Bezeichnungen wie »werdendes Leben« oder »die Entwicklung *zum* Menschen« implizieren, dass der menschliche Organismus zu Beginn noch nicht vollständig oder fertig sei. Um bildhaft zu erklären, dass der Mensch mit der abgeschlossenen Verschmelzung von Ei- und Samenzelle vollständig ist, benutzt die Kanadierin Justina van Manen in ihrem Buch »Genug geschwiegen«[6] folgende Metapher: Wenn der neue menschliche Organismus entstanden ist, ist es so, als hätte man den Auslöser einer Polaroid-Kamera gedrückt. In diesem Moment sind alle Informationen vorhanden, die es braucht, damit sich das Bild entwickelt. Dann sind nur noch Zeit und die richtige Umgebung notwendig, damit das Bild auch sichtbar wird. So ist auch der Embryo in dem Sinne vollständig, dass er in seiner natürlichen Umgebung außer Zeit nichts braucht, um sich weiterentwickeln zu können. Wenn er bestimmte Strukturen noch nicht ausgebildet hat, dann nicht, weil er *noch* kein Mensch ist, sondern weil es schlicht normal ist, dass ein Mensch in diesem Alter diese Strukturen nicht besitzt.

Von der Befruchtung bis zu dem Zeitpunkt, an dem eine Frau feststellen kann, dass sie schwanger ist, vergehen ungefähr zwei Wochen. In dieser Zeit finden noch einige weitere Prozesse statt, die als »Beginn des Menschseins« potenziell infrage kommen, wie die Einnistung in die Gebärmutter oder die Ausbildung des Primitivstreifens. Es können sich bis zu einem gewissen Zeitpunkt sogar noch eineiige Mehrlinge aus der befruchteten Eizelle bilden; daher sprechen manche in diesem Zeitraum noch nicht von einem Individuum. Die Entwicklung verläuft jedoch immer fließend. Es ist also fraglich, ob dieses Argument wirklich belegt, dass es sich vorher um etwas wesentlich anderes handelt und ob ein sich teilender Organismus bis zu diesem Zeitpunkt nicht trotzdem ein Individuum sein kann. Für die Abtreibungsdebatte sind diese Feinheiten aber sowieso irrelevant, weil diese Prozesse zum Zeitpunkt der Feststellung der Schwangerschaft in der Regel bereits vonstattengegangen sind.

Auch Befürworter des Entscheidungsrechts der Frau bestreiten nicht, dass es sich zum Zeitpunkt des Schwangerschaftskonflikts beim Ungeborenen um einen Menschen handelt. So schreibt der Philosoph Norbert Hoesters beispielsweise: *»Ohne Zweifel ist der Embryo bereits ein Mensch im biologischen Sinn.«*[7] Der Medizinhistoriker Wolfgang Uwe Eckert schrieb im Deutschen Ärzteblatt: *»Jede Abtreibung, mit Ausnahme der eines bereits auf natürliche Weise im Mutterleib gestorbenen Fötus, ist von erheblicher ethischer Relevanz, denn es handelt sich bei ihr um die Tötung menschlichen Lebens und damit implizit um die vorsätzliche Vernichtung individueller biografischer Existenz. Dies gilt streng genommen auch für die vom § 218 [StGB; Anm. der Autorin] nicht berücksichtigte medikamentöse Tötung der befruchteten Eizelle vor der Nidation.«*[8]

Es kommt nicht von ungefähr, dass viele Menschen ihre Sicht auf Abtreibung hinterfragen, wenn sie beginnen, sich näher mit Embryonalentwicklung zu beschäftigen. Was bereits in den ersten Lebenstagen und -wochen geschieht, ist faszinierend. Bereits drei Wochen nach der Befruchtung beginnt das kleine Herz des Menschen zu schlagen. Zu Recht fragen sich manche Menschen: Wenn ein Einzeller im Weltall als »Leben« bezeichnet wird, wie kann dann ein heranwachsendes Kind im Mutterleib bloß ein »Zellhaufen« sein? Das ist es definitiv nicht.

Ja, was denn nun?

Der Kreativität sind keine Grenzen gesetzt, wenn es darum geht zu beschreiben, was denn ein Embryo nun sei, wenn doch kein (richtiger) Mensch. So etwas wie ein Tumor, sagen die einen. Der wachse ja schließlich auch im Körper eines Menschen. Ein Parasit, der sich im Mutterleib einniste und dort seinen Wirt auszehre, sagen die anderen. Wieder andere Menschen (oder gar die gleichen?) sagen, der Embryo sei ein Teil des Körpers der Mutter – man könnte im entsprechenden Fall darauf hinweisen, dass dieser Gedanke mit dem Parasiten-Vergleich unvereinbar ist. Besonders schmerzlich sind solche Analogien für mich, wenn sie von Eltern stammen. Offenbar gab es einen Zeitpunkt, an dem das eigene Kind auf die gleiche Stufe mit einem Parasiten oder einem Tumor gestellt wurde. Ebenso mühselig ist es, wenn Ärzte diese Realität infrage stellen. Welches Verständnis von Integrität hat ein Arzt, der einer Patientin zum Baby gratuliert und ihr den Herzschlag ihres Nachwuchses zeigt und in anderem Kontext von »Schwangerschaftsgewebe« spricht? Biologie ist eine Realität. Der Wunschgedanke, dass das Ungeborene das ist, was man möchte oder wonach es sich anfühlt, hält einer sachlichen Betrachtung der Wirklichkeit nicht stand.

Ein Tumor ist im Vergleich zum Embryo kein vollständiger Organismus. Ein Parasit ist in der Regel ein artfremdes Lebewesen, das den Wirt schädigt.[9] Embryonen schicken hingegen nach aktuellem Kenntnisstand sogar Stammzellen an die Mutter, um die Regeneration geschädigten Gewebes zu fördern.[10] Und auch wenn sich das Ungeborene im Körper der Mutter befindet, könnte es nicht deutlicher sein, dass es nicht einfach ein Teil ihres Körpers ist. Zwei Herzen, zwei unverwechselbare genetische Fingerabdrücke mit getrennten Blutkreisläufen. Diese Analogien und Vergleiche taugen gut dazu, dem Ungeborenen den Wert abzusprechen und seine Würde ins Lächerliche zu ziehen. Einer seriösen Überprüfung halten sie jedoch nicht stand – nicht aus naturwissenschaftlicher Sicht.

Fazit: Aus biologischer Perspektive ist ein Embryo zum Zeitpunkt einer möglichen Abtreibung definitiv ein Mensch. Er ist ein *vollständiges, lebendiges* und *einzigartiges* Mitglied der Spezies Mensch, dessen Entwicklung mit der Verschmelzung von Ei- und Samenzelle beginnt. Die Existenz jedes einzelnen Menschen lässt sich bis zu diesem entscheidenden Augenblick zurückverfolgen. Dieses Ereignis markiert den Anfang von etwas kategorial Neuem: Aus zwei Keimzellen, die sich unabhängig voneinander nicht weiterentwickeln können, wird ein Individuum (oder mehrere) mit vollständigem und einzigartigem Chromosomensatz. Es ist mit allem ausgestattet, was es braucht, um ohne äußeres Zutun zu wachsen und alles auszubilden, was es zum Leben außerhalb des Mutterleibs benötigen wird. Bereits in seinen frühesten Stadien ist der Mensch ein komplexes System, das alles andere als chaotisch oder ziellos im Uterus umherschwirrt. Es ist dasselbe Individuum, das nur wenige Monate später einen Namen bekommt und seine ganz eigene Geschichte schreibt. Alles, was es braucht, ist Zeit. Und auch nach der Geburt geht die Entwicklung des Menschen ja weiter. »Embryo« oder »Fötus« sind genau wie »Säugling« oder »Kleinkind« Bezeichnungen für Entwicklungsstadien des Menschen. Sie sagen nichts über dessen Menschlichkeit – sein Menschsein als solches – aus, sondern vielmehr über sein Alter.

KURZ UND KNAPP

»Dass ein Embryo ein lebendiger Mensch im biologischen Sinne ist, ist unstrittig. Man kann darüber diskutieren, ob dieser Mensch auch Träger von Menschenwürde ist, das ist aber eine philosophische Frage. Die Begriffe ›Embryo‹ und ›Fötus‹ bezeichnen Entwicklungsstufen, so wie ›Säugling‹ oder ›Erwachsener‹. Sie bedeuten nicht, dass es sich vom Wesen her um etwas anderes handelt als um einen Menschen.«

- Welche Argumentation überzeugt dich am meisten: Das Leben beginnt bei der Empfängnis, bei der Geburt oder irgendwo dazwischen?

3. »Das ist aber noch kein richtiger Mensch«

Die philosophische Perspektive

Varianten: »Solange noch kein Bewusstsein/Schmerzempfinden … vorhanden ist …«, »Dieser Mensch hat noch keine Rechte«, …

Nur kurz nachdem ich damit begonnen hatte, mich öffentlich für den Schutz der Ungeborenen zu engagieren, wurde ich dazu eingeladen, beim Debattenformat »13 Fragen« teilzunehmen. Bei der Veröffentlichung der Sendung war ich glücklich zu sehen, dass eines meiner Statements als Teaser an den Anfang gestellt wurde. Es waren folgende Worte von Greg Koukl: *»If the unborn is not a human person, then no justification for abortion is necessary. If the unborn is a human person, no justification for abortion is adequate.«*[11] Ich hatte sie sinngemäß ins Deutsche übersetzt: »Wenn das Ungeborene keine menschliche Person ist, dann ist keine Rechtfertigung für Abtreibung notwendig. Wenn das Ungeborene eine menschliche Person ist, dann ist keine Rechtfertigung für Abtreibung ausreichend.«

Die philosophische Debatte darüber, wer Mensch ist oder wann das Menschsein beginnt, ist so komplex und so zentral, dass man allein darüber ein ganzes Buch schreiben könnte. An dieser Stelle möchte ich mich darauf beschränken, die Kernpunkte und die am häufigsten genannten Aspekte aufzuzeigen. Im Grunde geht es um die Frage, ob ein ungeborener Mensch einem geborenen Menschen gleichwertig ist. In diesem Kontext wird ein »vollwertiger«

Mensch im Sinne eines Trägers von Menschenwürde auch als »Person« bezeichnet. Während ein Christ die Würde des Menschen aus seiner Gottesebenbildlichkeit heraus begründen würde, ist es auch ohne Glaubenshintergrund möglich, zu dem Schluss zu kommen, dass jeder Mensch einfach deshalb Träger von Würde und Rechten ist, weil er Mensch ist. Sowohl das deutsche Grundgesetz als auch die internationale Menschenrechtscharta gründen sich auf diese Annahme. Tatsächlich besagt die deutsche Fassung der *Allgemeinen Erklärung der Menschenrechte* der Vereinten Nationen, dass alle Menschen *»von Geburt an über die gleichen, unveräußerlichen Rechte und Grundfreiheiten«* verfügen.[12] Die englische Version benutzt hier statt »von Geburt an« allerdings ein anderes Wort, nämlich »inherent«, was so viel bedeutet wie *innewohnend.*[13] Ist also jeder Mensch auch zugleich Person? Oder gibt es gute Gründe, einen Teil der Menschheit vom Personsein auszuschließen?

Die Frage ist essenziell, denn oft wird der Pro-Life-Standpunkt so verstanden, dass das Kind im Vergleich zu seiner Mutter als wertvoller erachtet würde. Es wird behauptet, das Leben des Kindes würde über das der Mutter gestellt oder das Kind sei »wichtiger«. Doch genau das ist nicht der Fall. Ausgangspunkt der Debatte ist die Annahme, dass es sich bei Mutter und Kind um zwei gleichwertige Menschen mit konkurrierenden Interessen handelt. Bei geborenen Menschen, bei denen diese Gegebenheit außer Frage steht, werden in einem solchen Fall die Interessen (z. B. Rechte) gegeneinander abgewogen. Wenn eines der Interessen das Recht auf Leben ist, übertrumpft dieses in den allermeisten Fällen alle anderen Interessen. Wir werden später noch über die Abwägung der Rechte sprechen. Doch nun wollen wir einen genaueren Blick auf die Frage werfen, ob bzw. ab wann ein ungeborener Mensch eine Person ist – und ob diese Frage überhaupt abschließend zu beantworten ist.

Dazu stelle ich gerne zwei Thesen auf:

a) Es gibt keinen guten Grund, um Menschsein von Personsein zu trennen.

Warum sollten wir überhaupt zwischen *Mensch* und *Person* differenzieren? Wenn wir in die Geschichte blicken, zeigt sich ein deutliches Muster: Wann immer Menschengruppen das Personsein abgesprochen wurde, diente es dazu, diese zu unterdrücken oder auszubeuten. Nicht ein einziges Mal in der Geschichte der Menschheit diente die Trennung von *Mensch* und *Person* zum Guten. So wurden beispielsweise Sklaven im alten Rom als »Sache« klassifiziert, die als Eigentum ihres Herren auch vererbt oder verkauft werden konnten. Ähnlich erging es auch anderen Menschengruppen im Laufe der Geschichte. Wir sollten damit zurückhaltend sein, verschiedene Tragödien miteinander zu vergleichen oder gar gleichzustellen; dennoch ist in diesem Punkt ein Muster erkennbar: die Entmenschlichung oder Abwertung von Mitgliedern der Menschheitsfamilie aufgrund nicht beeinflussbarer Kriterien wie Ethnie, Herkunft, Aussehen, Gesundheitszustand, Alter etc., um die Interessen privilegierterer Menschen durchzusetzen. So ist es auch beim Thema Schwangerschaftsabbruch. Mir fällt kein anderer Grund ein, die Menschlichkeit und Würde der Ungeborenen nicht anzuerkennen, außer dem, dass man Abtreibung, Embryonenforschung und dergleichen rechtfertigen möchte. Wir werden später noch sehen, dass die Rechtfertigung von Schwangerschaftsabbrüchen auch möglich ist, wenn man die Ungeborenen als Menschen anerkennt. Doch es ist natürlich deutlich schwieriger und zieht andere Konsequenzen nach sich als die Überzeugung, dass es sich zu diesem Zeitpunkt noch gar nicht um gleichwertiges menschliches Leben handelt.

b) Es gibt kein geeignetes Kriterium, um festzulegen, wer Person ist und wer nicht.

Wer argumentiert, ein Embryo sei noch kein »richtiger« Mensch oder keine Person, der sollte zum einen schlüssig darlegen können, was genau eine Person ausmacht, und zum anderen aufzeigen können, wann diese Kriterien erfüllt sind. Anders formuliert: Was ist es, das dem Menschen Wert und Würde verleiht? Häufig genannt werden Kriterien wie Schmerz- bzw. Leidempfinden, Bewusstsein oder Unabhängigkeit vom mütterlichen Körper. Auf den ersten Blick scheint das einzuleuchten. Es ist eine einfache Antwort auf eine komplizierte Frage: Mensch ist, wer in gewissem Maße denken, fühlen und handeln kann. Doch fragt man etwas genauer nach, werden Unstimmigkeiten dieser Denkweise deutlich: Sind es mehrere Kriterien, die den Menschen definieren, oder nur eines davon? Warum genau diese? Die meisten dieser Kriterien werden ja graduell erworben und auch nach der Geburt ist die Entwicklung noch nicht abgeschlossen. Wo liegt also die Grenze? Ergibt es überhaupt Sinn, ein dichotomes Merkmal – also eines, das in zwei klar definierten Ausprägungen vorhanden ist – anhand sich graduell entwickelnder Kriterien zuzuordnen? Oder steigert sich der Wert eines Menschen im Laufe der embryonalen Entwicklung? Es gibt auch geborene Menschen, die manche dieser Kriterien per se oder zeitweise nicht erfüllen. Was ist mit ihnen?

Fakt ist: Menschen haben zu unterschiedlichen Zeitpunkten in ihrer Entwicklung unterschiedliche Eigenschaften und Fähigkeiten. Wenn wir jemanden ungleich behandeln, weil er eine bestimmte Fähigkeit oder Eigenschaft noch nicht entwickelt hat, dann muss diese Ungleichbehandlung seinem Schutz und nicht seinem Nachteil dienen, ansonsten ist es Diskriminierung. Und nicht nur innerhalb der Lebensspanne verändern sich Eigenschaften des Menschen, auch Menschen gleichen Alters kommen in allen denkbaren Varianten daher. Letztlich gibt es nichts, was alle Menschen miteinander verbindet, als das Menschsein selbst. Jeder Versuch, Menschlichkeit anhand bestimmter Merkmale erschöpfend zu definieren, scheitert an der Realität. Die einzige Sache, die wir alle gemeinsam haben, ist die Zugehörigkeit zur Spezies Mensch. Deshalb sollte diese auch dafür genügen, um ein Anrecht auf Menschenrechte zu haben, von denen das erste und wichtigste das Recht auf Leben ist.

Gewollt vs. ungewollt

Die Unstimmigkeit der Annahme, ein Embryo sei kein (richtiger) Mensch, wird besonders deutlich in der Art und Weise, wie über »gewollte« Kinder gesprochen und gedacht wird. Als Schwangere wird man gerne gefragt: »Wie gehts dem Baby?«, und wer eine Fehlgeburt erlitten hat, spricht bisweilen davon, sein Baby verloren zu haben. Es ist geradezu taktlos und verletzend, eine Frau nach einer Fehlgeburt damit trösten zu wollen, dass es ja »noch kein richtiger Mensch« war. Ist das Ungeborene also »nur ein Zellhaufen«, wenn es ungewollt ist, aber ein wertvoller kleiner Mensch, wenn er geplant und erwünscht ist? Ich bin durchaus schon der Behauptung begegnet, es sei das, was die Schwangere möchte, dass es ist. Dabei stellt sich die Frage, wie ernst gemeint oder durchdacht eine solche Äußerung sein kann, denn Dinge verändern natürlich nicht dadurch ihr Wesen, wie wir Menschen sie beurteilen, auch wenn sie sich im eigenen Körper befinden. Wahrscheinlich werden solche Aussagen vielmehr auf den Wert des Embryos bezogen sein. Also: Der Wert des Embryos sei subjektiv und nicht objektiv, ähnlich einem Schmuckstück, das zwar keinen reellen, aber einen ideellen Wert für seinen Besitzer hat. Das Beispiel verdeutlicht, dass es sich dabei letztlich um eine Umschreibung dafür handelt, dass man jedes Ungeborene – zumindest bis zu einem gewissen Entwicklungsstadium – im Grunde für objektiv wertlos hält. Grundsätzlich glauben die meisten Menschen, dass Menschenwürde nicht von der Erfüllung bestimmter Kriterien abhängig ist. Warum sollte es beim Kriterium Entwicklungsstand anders sein?

Abtreibung basiert auf Altersdiskriminierung

Abtreibungen gibt es schon seit Jahrtausenden. Für manche Menschen ist das ein Argument für die Rechtmäßigkeit von Schwangerschaftsabbrüchen. Allerdings gab es früher noch weitaus weniger Erkenntnisse darüber, was im Mutterleib passiert. Philosophen und Theologen beschäftigten sich schon in der Antike mit der Frage nach der »Beseelung« des Menschen. Auch damals wurde also schon gerätselt, wann der Mensch zum Menschen wird. Nun könnte man meinen, dass im Zuge des medizinischen und technologischen Fortschritts die Erkenntnisse über die Menschlichkeit der Ungeborenen dazu geführt hätten, dass man größeren Respekt vor dem ungeborenen Leben entwickeln würde. Das ist leider nicht der Fall. Um Handlungen zu rechtfertigen, die die Ungeborenen betreffen, werden sie per willkürlicher Definition vom Menschsein und damit von den Menschenrechten ausgeschlossen – Problem gelöst. Es ist im Grunde genommen ein Zirkelschluss: Menschenrechte kann derjenige in Anspruch nehmen, der bestimmte Kriterien erreicht; dies kann aber dadurch verhindert werden, dass man ihn diese Kriterien nicht erreichen lässt, und zwar auf eine Weise, die die Menschenrechte verletzen würde, wenn er sie denn schon gehabt hätte.

Das Wort »erreichen« deutet bereits darauf hin, dass diese Definition von Menschsein im Kern um Leistung geht: Man muss bestimmte »Leistungen« erbringen – z. B. ein bestimmtes Alter erreicht haben –, um als Träger von Menschenwürde zu gelten. Die Ungleichbehandlung eines Menschen aufgrund seines Entwicklungsstandes bzw.

seines Alters ist aber Altersdiskriminierung. Sie wird nicht dadurch weniger schlimm, dass der betroffene Mensch nichts davon mitbekommt – das würden wir bei geborenen Menschen ja auch nicht behaupten.

Wahrscheinlich würden die allermeisten Menschen darin übereinstimmen, dass es gut ist, allen Menschen gleiche Würde und Rechte zuzusprechen. Sie würden der These zustimmen, dass Menschenwürde nichts ist, was einem Menschen verliehen wird oder was er sich durch bestimmte Eigenschaften verdient. Und doch widersprechen viele der Forderung, dass jeder, der zur Spezies Mensch gehört, auch Träger von Menschenwürde und damit schützenswert ist. In unserer Welt, in der die Naturwissenschaften im politischen und gesellschaftlichen Diskurs zunehmend an Bedeutung gewinnen, löst die Forderung, dass biologische Erkenntnisse definieren sollten, wer als Mensch gilt, geradezu Empörung aus.

Der Status Ungeborener nach deutschem Recht

Nach deutschem Recht gelten die Ungeborenen ab dem Zeitpunkt der Einnistung als Träger von Menschenwürde. Auch in § 219 StGB ist zu lesen, *»dass das Ungeborene in jedem Stadium der Schwangerschaft auch ihr [der Schwangeren, Anm. der Autorin] gegenüber ein eigenes Recht auf Leben hat«*. Dass Abtreibung dennoch möglich ist, begründet der Gesetzgeber damit, dass die Belastung durch eine Schwangerschaft unter Umständen *»die zumutbare Opfergrenze übersteigt«*.

Der Kleinkind-Vergleich

Die simpelste Art, den Pro-Life-Standpunkt darzustellen, lautet wie folgt: Einen Menschen zu töten ist moralisch falsch. Bei einer

Abtreibung wird ein Mensch getötet. Daher ist Abtreibung moralisch falsch. Auch wenn man der Grundannahme nicht zustimmt, dass alle Ungeborenen Menschen mit Wert und Würde sind, sollte es grundsätzlich möglich sein, mithilfe dieses Arguments zu verstehen, warum sich Menschen gegen Abtreibung positionieren. Um diese Grundannahme zu verdeutlichen, kann man das Ungeborene in verschiedenen Szenarien durch einen geborenen Menschen ersetzen. So wird man fast jedes Argument der Diskussion zurück auf die Kernfrage bringen, ob die Ungeborenen denn nun Menschen mit Wert und Würde sind oder nicht. Wenn beispielsweise jemand das Argument anführt, dass es Abtreibung brauche, weil manche Menschen sich kein (weiteres) Kind leisten können, könnte man fragen, ob es in dem Märchen von Hänsel und Gretel richtig war, dass die Eltern die beiden Kinder aus der Not heraus in den Wald geschickt haben. Die Antwort wird wahrscheinlich lauten: Nein, das sei ja etwas völlig anderes. Hänsel und Gretel seien ja »richtige« Kinder. Voilà, zurück beim Thema Menschlichkeit der Ungeborenen.

Nun gibt es Menschen, die allen bisher genannten Punkten zustimmen oder sie zumindest nicht bestreiten und dennoch für ein Recht auf Abtreibung plädieren. Sie würden dem anfangs genannten Zitat widersprechen und argumentieren, dass es völlig irrelevant ist, ob ein Ungeborenes ein Mensch mit Menschenwürde ist oder nicht. Ihrer Ansicht nach steht die körperliche Autonomie über den Rechten des Kindes. Argumente, die sich darauf beziehen, und die Frage, ob die Menschlichkeit der Ungeborenen tatsächlich keine Bedeutung hat, werden wir in Kapitel 5 näher betrachten. Am Ende dieser philosophischen Gedanken wird deutlich: Insbesondere ethische Fragestellungen lassen sich nicht abschließend klären und beantworten, solange unterschiedliche Grundannahmen über das Menschen- und Weltbild bestehen. Deshalb wird man gerade in philosophischen Fragen lernen müssen, Spannungen auszuhalten und Meinungen stehen zu lassen.

Fazit: Die philosophische Frage, ob ein Mensch auch immer zugleich Person ist, ist sehr komplex. Zwei Grundfragen können bei der Beantwortung bzw. Diskussion hilfreich sein: 1. Gibt es einen guten Grund, aus dem man Mensch und Person trennen sollte? 2. Gibt es ein geeignetes Kriterium, um zu unterscheiden, wer Person ist und wer nicht? Die unterschiedliche Beantwortung dieser Fragen zieht jeweils verschiedene Konsequenzen für das Menschen- und Weltbild nach sich.

KURZ UND KNAPP

»Was ist deiner Ansicht nach der wertgebende Unterschied zwischen einem geborenen und einem ungeborenen Menschen?«

»Wo würdest du die Grenze ziehen, um festzulegen, wer Mensch ist und wer nicht?«

»Ich halte es nicht für gerecht, manchen Menschen die Menschenwürde abzusprechen. Welchen Sinn ergibt das, außer den, dass wir sonst manche Dinge nicht tun dürften?«

- Was macht in deinen Augen das Menschsein aus?
- Was qualifiziert jemanden für Menschenwürde?

4. Die brennende Kinderwunschklinik
und andere »Ha – erwischt!«-Argumente

»Wenn ihr wirklich glaubt, dass das Leben bei der Befruchtung beginnt, warum protestiert ihr dann nicht vor Kinderwunschkliniken?«, fragte mich ein junger Mann ganz am Anfang meiner aktivistischen Laufbahn. Diese Frage war und ist berechtigt, denn im Verlauf einer Kinderwunschbehandlung werden Embryonen ja wie Waren hergestellt, gelagert und, wenn sie nicht mehr gebraucht werden, vernichtet. Die Intention des Fragestellers war es jedoch gar nicht, eine ernsthafte Diskussion über künstliche Befruchtung zu führen. Vielmehr wollte er »beweisen«, dass Lebensschützer es mit dem Lebensschutz doch gar nicht so ernst meinen, sondern es nur darum ginge, Frauen zu kontrollieren und zu belästigen.

Schlaue Köpfe denken sich immer wieder Analogien, Beispiele oder Fragen aus, die die »wahren« Intentionen der Pro-Life-Bewegung oder Logiklücken in ihrer Philosophie enttarnen wollen. Im Englischen werden solche Argumente »Loaded question« oder »Gotcha«-Argument genannt, was man mit »Ha – erwischt!« übersetzen könnte. Die berühmtesten davon werden wir in den kommenden Kapiteln kennenlernen. In diesem Kapitel geht es um Versuche zu »beweisen«, dass Befürworter des Lebensschutzes selbst nicht wirklich an die Gleichwertigkeit der Ungeborenen glauben oder, wenn doch, warum das angeblich völlig unsinnig sei.

1000 Embryonen oder ein Kleinkind?

Der Autor Patrick Tomlinson brachte auf Twitter ein Gedankenexperiment[14], das viele Menschen als endgültige Enttarnung der Pro-Life-Ideologie wähnten: Stell dir vor, du befindest dich in einer brennenden Kinderwunschklinik. Du siehst ein fünfjähriges Kind um Hilfe schreien und daneben einen Container mit der Aufschrift »1 000 lebende Embryonen«. Du kannst jedoch nur eines von beiden retten – das Kind oder den Behälter. Wetten, auch du würdest dich für das Kind entscheiden? Siehst du, da ist der Beweis: Entweder du würdest die Embryonen retten, dann bist du ein schrecklicher Mensch. Oder du würdest das Kind retten, weil du anerkennst, dass es wertvoller ist als tausend Embryonen.

Die Sache ist schnell entlarvt, denn sie beweist mitnichten, was sie zu beweisen behauptet. Tomlinson glaubt, dass die Wahl etwas darüber aussagt, wie man über die Menschlichkeit oder den Wert desjenigen denkt, der zurückgelassen wird. Dabei ist doch Menschlichkeit oder Wert nicht die einzige Grundlage dafür, eine solche Entscheidung zu treffen. Dies zeigt sich, wenn wir die zu Rettenden durch andere Personen ersetzen: Würdest du eher dein eigenes oder ein fremdes Kind retten? Eine junge Frau oder einen alten Mann? Einen Ölbaron oder einen Krebsforscher? Unsere Wahl bedeutet nicht, dass wir eine Person als grundsätzlich wertvoll erachten und die andere nicht. Sie zeigt, dass Menschen Entscheidungen auf Grundlage bestimmter Abwägungen treffen, die persönlicher, emotionaler oder pragmatischer Natur sein können. Wahrscheinlich würden wir uns immer für die Person entscheiden, die stärkere Emotionen in uns hervorruft. Dass aber ein Embryo in einer Petrischale weniger Emotionen in uns hervorruft als ein fünfjähriges Kind, ist kein Zeichen dafür, dass der Embryo unmöglich ein menschliches Wesen sein kann. Auch pragmatische Überlegungen könnten in die

Entscheidung einfließen: Wie könnte man überhaupt sicherstellen, dass die Embryonen weiterhin gekühlt würden? Würden sie die Rettung überleben oder würden Erschütterungen zu Schäden führen? Würden die Embryonen überhaupt jemals zur Weiterentwicklung in eine Gebärmutter eingesetzt? Und wenn ja, bestünde ja immer noch eine nicht unerhebliche Wahrscheinlichkeit, dass sie sich im Mutterleib nicht einnisten oder weiterentwickeln würden. Das fünfjährige Kind hingegen hätte bei einer Rettung eine viel sicherer zu antizipierende Zukunft. Das sind Überlegungen, wie sie auch bei der Triage im medizinischen Handeln – also der Entscheidungsfindung, wem bei Ressourcenknappheit zuerst geholfen wird – angestellt werden. Das bedeutet nicht, dass manche Menschen als wertvoller oder wichtiger erachtet werden als andere, sondern dass man bei begrenzten Möglichkeiten eben nicht allen gleichermaßen helfen kann. Außerdem würden wir im Beispielfall natürlich nicht vernachlässigen, dass das fünfjährige Kind bereits eine Familie, eine Geschichte, Schmerzempfinden und Bewusstsein hat. Selbstverständlich würden wir diese Faktoren in eine solche Entscheidung einbeziehen. Doch nicht, weil wir in Wirklichkeit gar nicht an die Menschlichkeit der Embryonen glauben, sondern weil man Entscheidungen eben auch nach anderen Kriterien treffen kann.

Man könnte den Spieß auch umdrehen und fragen: Wenn du dich zwischen einer schwangeren und einer nichtschwangeren Frau entscheiden müsstest, für wen würdest du dich entscheiden? Wenn wir nun nach Tomlinsons Logik handeln und glauben würden, dass ein Ungeborenes kein Mensch ist, wäre es ja völlig egal, ob wir die Schwangere oder die andere Frau retten. Wahrscheinlich würden aber sehr viele Menschen die Schwangere retten – etwa weil sie glauben, damit zwei Menschenleben gerettet zu haben?

Der Punkt ist: All diese Gedankenexperimente treffen nicht den Kern dessen, worum es beim Thema Abtreibung geht. Einerseits steht hier in den meisten Fällen nicht Leben gegen Leben – wenn dem so ist, würden wohl die meisten übereinstimmen, dass das Leben der Schwangeren gerettet werden darf. In aller Regel dreht sich die Debatte um die Abwägung der Güter *Leben* und *körperliche Autonomie*. Andererseits geht es bei Abtreibung nicht darum, jemanden zu retten oder nicht zu retten, sondern – ihn nicht gezielt und direkt zu töten (vgl. Organspende-Analogie, Kapitel 5).

Sieht das etwa aus wie ein Mensch?

Der amerikanische Komiker Ben Gleib wurde 2021 von seinen Fans dafür gefeiert, wie er in einer Talkshow seinen konservativen Diskussionspartner Charlie Kirk hinters Licht führte und damit »enttarnte«: Er zeigte ihm ein Foto eines Embryos und sagte: »Du kannst doch nicht behaupten, dass das ein Mensch sei!« Woraufhin dieser entgegnete: »Ohne Zweifel.« Der Plot-Twist: Es handelte sich dabei um einen Delfin-Embryo. Es ist fast ein bisschen peinlich, wie sehr sich Gleib über diesen »Ha – erwischt!«-Moment freute, wenn man die dahinterliegende Argumentation bedenkt: Es sieht nicht aus wie ein Mensch, also kann es auch keiner sein. Das Wesen einer Sache danach zu definieren, wonach es aussieht, würde man einem Grundschüler gerade noch verzeihen. Dieser Logik zufolge dürfte der Delfin dann aber kein Säugetier sein, denn er sieht ja schließlich aus wie ein Fisch. Ja, Embryonen verschiedener Tierarten sehen zeitweise menschlichen Embryonen zum Verwechseln ähnlich. Folgt daraus, dass diese Embryonen nicht zu ihrer jeweiligen Spezies gehören? Oder etwa, dass sie zu diesem Zeitpunkt alle dasselbe »sind«? Den meisten vernünftigen Menschen dürfte klar sein, dass das Aussehen und andere offenkundige Eigenschaften nichts damit zu tun haben, was jemand oder etwas »ist«. Wer also diese Verwechslungsgefahr ausnutzt, um etwas zu beweisen, der sagt mehr über die Begrenzung seiner eigenen Logik aus als über alles andere.

Eine Kastanie ist kein Baum – Vorsicht, Semantik!

Berühmt sind auch die Vergleiche »Ein Ei ist noch kein Huhn« oder »Eine Kastanie ist noch kein Baum«. Ha – erwischt! Dagegen kann ja wohl keiner etwas sagen. Schließlich backen auch die meisten Lebensschützer mit Eiern statt einem ganzen Huhn und brauchen auch keine Kettensäge, um ein Kastanienmännchen zu bauen. Wie kommt es also, dass wir diese Unterschiede anerkennen, den zwischen einem Embryo und einem Menschen jedoch nicht?

Diese Vergleiche haben mehr mit Sprache als mit Biologie zu tun. Das Hauptproblem dabei ist, dass hier Begriffe aus unterschiedlichen Kategorien miteinander vermischt werden. Während das Wort *Mensch* der Kategorie *Spezies* zuzuordnen ist, handelt es sich beim Wort *Embryo* um eine *Entwicklungsstufe* des Menschen. Die Begriffe der oben genannten Beispiele würden jedoch in die Kategorie *Entwicklungsstufe* fallen. Das (befruchtete) Ei steht also zum (erwachsenen) Huhn wie der menschliche Embryo zum Erwachsenen – nicht zum Menschen. Die Verwechslungsgefahr liegt nahe, werden erwachsene Exemplare einer Spezies doch zumeist als »Standard« für den Begriff der gesamten Spezies verstanden. Unsere Sprache ist so gesehen »adult-normativ«[15]. Wer das Wort »Huhn« hört, stellt sich im ersten Moment kein Küken vor. Wer das Wort »Mensch« hört, denkt nicht zuerst an ein Kind und schon gar nicht an ein Ungeborenes. Und doch ist jedes Individuum in jeder Entwicklungsstufe ab Anbeginn seiner Existenz ein Teil seiner Spezies. Der Wissenschaftliche Dienst des Deutschen Bundestages formuliert es folgendermaßen: *»Das Ungeborene wird im Wachstumsprozess nicht erst zum Menschen,* *sondern entwickelt sich als solcher weiter.«*[16] Welche Auswirkungen diese »Adult-Normativität« in unserer Gesellschaft hat, wäre eine eigene Thematik. Für die Ungeborenen bedeutet sie jedenfalls häufig die Entmenschlichung und damit im schlimmsten Fall den Tod.

Fazit: Oftmals sind es pure Missverständnisse oder Unwissenheit, die dazu führen, dass die Menschlichkeit der Ungeborenen nicht anerkannt wird. Sie bilden häufig die Grundlage für solche Argumente, wie sie in diesem Kapitel vorgestellt wurden. Die beste Antwort darauf ist meist nüchterne Aufklärung: Wenn wir die Lebensspanne eines Menschen betrachten, sollte klar werden, wie normal Veränderungen von Aussehen, Eigenschaften und Fähigkeiten im Laufe der Entwicklung sind. Trotzdem bleibt in dieser Zeit eines gleich: die menschliche Natur des Individuums. Wenn wir diese Erkenntnis nun auf die vorgeburtliche Zeit übertragen, wird deutlich, dass die komplett unterschiedlichen Eigenschaften und Fähigkeiten von Embryonen nichts weiter sind als eine normale Variante des Menschseins.

KURZ UND KNAPP

»Ich verstehe, wie du auf diesen Gedanken kommst. Deine Analogie sagt aber nicht das aus, was du auszusagen beabsichtigst. Möchtest du wissen, warum?«

- Welche dieser Argumente sind dir schon einmal begegnet?
- Kennst du noch mehr solcher Analogien oder Gedankenexperimente?

5. »My body, my choice«

Recht auf Leben vs. Recht auf Selbstbestimmung

Varianten: »Mein Körper gehört mir«, »Die Selbstbestimmung der Frau übertrumpft das Lebensrecht des Kindes«, »Niemand hat das Recht, über meinen Körper zu entscheiden«, »Solange sich das Kind im Körper der Mutter befindet, kann sie damit machen, was sie will«.

Der Slogan »My body, my choice« oder zu Deutsch »Mein Körper, meine Entscheidung« steht für den Kampf um Abtreibungsrechte wie kein anderer. Das Grundprinzip hinter diesem Satz ist leicht nachvollziehbar und wichtig: Jeder Mensch hat die Entscheidungshoheit über seinen eigenen Körper. Man spricht auch von körperlicher Autonomie oder körperlicher Selbstbestimmung. Diese ist ein extrem hohes Gut und begegnet uns an vielen Stellen, beispielsweise in der Medizin oder im Umgang mit Schutzbefohlenen: Jede Spritze, jede Untersuchung, jede Umarmung und im Grunde genommen jede Berührung durch einen anderen Menschen darf nur stattfinden, solange die betroffene Person dem zustimmt. Die Grenzen dieses Prinzips sind da erreicht, wo die Person selbst oder andere geschützt werden müssen, z. B. in medizinischen Notfällen oder bei Gewaltausübung.

Die Denkweise hinter dem Argument »Mein Körper, meine Entscheidung« lautet wie folgt: Eine Schwangerschaft passiert im Körper der Frau, deshalb hat sie die Entscheidungshoheit darüber, ob diese bestehen bleibt oder nicht. Aus Sicht des Lebensschutzes und unter der Annahme, dass das Ungeborene ein der Mutter gleichwertiger Mensch ist, würde man entgegnen: Der Körper des Kindes ist nicht der Körper der Frau. Die Grenzen der körperlichen Selbstbestimmung sind da erreicht, wo ein anderes Menschenleben beginnt – also beim Lebensrecht des Kindes. Zunächst muss also wiederum geklärt werden, worum es sich bei dem Ungeborenen handelt bzw. in welchem Verhältnis seine Rechte zu denen der Mutter stehen.

Es gibt in diesem Kontext Menschen, die argumentieren, dass der Körper des Kindes quasi ein Bestandteil des Körpers der Frau sei. Dies lässt sich leicht widerlegen: Abgesehen davon, dass ein weiblicher Körper in der Regel keine zwei Köpfe, zwanzig Zehen und Finger und in manchen Fällen sogar einen Penis hat, zeugt die individuelle DNA des Embryos davon, dass es sich dabei um den Körper eines anderen Menschen handelt und nicht etwa um eine Erweiterung des mütterlichen Körpers. Die meisten Menschen, die diesen Slogan verwenden, würden das jedoch vermutlich auch nicht infrage stellen. Sie argumentieren entweder, dass das Ungeborene kein (vollwertiger) Mensch sei oder dass das Selbstbestimmungsrecht der Mutter das Lebensrecht des Kindes übertreffe. Die erste Annahme kann sich wiederum entweder auf die biologische (vgl. Kapitel 2) oder die philosophische Ebene (vgl. Kapitel 3) beziehen. Die zweite Annahme kann auch dann vertreten werden, wenn das Kind als vollwertiger Mensch anerkannt wird. Betrachten wir diese Fragestellung etwas genauer: Übertrumpft das Selbstbestimmungsrecht der Mutter das Lebensrecht des ungeborenen Kindes?[17] Im direkten Vergleich der beiden Güter Leben und Selbstbestimmung dürfte es den meisten Menschen einleuchten, dass das Recht auf Leben grundsätzlich als höherwertig erachtet wird. In der allgemeinen Erklärung der Menschenrechte wird das Recht auf Leben in Artikel 3 als erstes aller Menschenrechte genannt.[18] Egal ob man »Selbstbestimmung« im engeren Sinn als körperliche Autonomie oder etwas breiter gefasst als Gestaltungsfreiheit über das eigene Leben versteht: Sie würde in keinem Fall so weit reichen, dass sie die gezielte und direkte Tötung eines anderen geborenen Menschen rechtfertigen würde. Unabhängig von der Abtreibungsdebatte würden wohl die meisten Menschen darin übereinstimmen, dass das Recht auf Leben das grundlegendste aller Rechte ist, weil ohne dieses Recht alle anderen Rechte sinnlos wären. Keines davon könnte in Anspruch genommen werden, wenn man nicht leben würde. Geht es jedoch um das Thema Abtreibung, scheint das eine andere Sache zu sein.

Spezialfall Schwangerschaft?

Worin unterscheidet sich nun also der Fall einer Schwangerschaft von allen anderen Fällen? Zweifellos ist eine Schwangerschaft eine einzigartige Situation. Die Abhängigkeit zwischen Mutter und Kind, die Veränderungen, die die Mutter durchlebt und die Unvorhersehbarkeit von all dem, was eine Schwangerschaft mit sich bringt, machen es nahezu unmöglich, sie anderen Szenarien gegenüberzustellen. Und dennoch muss es erlaubt sein zu hinterfragen, ob die Abhängigkeit des Kindes von seiner Mutter, die enge körperliche Verbindung, alleine Grund genug ist, um ansonsten geltende moralische Regeln und Ordnungen auszuhebeln, oder ob diese Verbindung nicht erst recht mit einer Verantwortung einhergeht. Beispielsweise weiß man, dass Alkohol in der Schwangerschaft zu erheblichen Schäden am Kind führen kann. Daher halten es die meisten Menschen für unmoralisch, wenn eine Schwangere im Bewusstsein über die schädigende Wirkung am Kind Alkohol konsumiert. Es wird anerkannt, dass die Mutter gerade *aufgrund* der Abhängigkeit des Kindes von ihrem Körper die Verantwortung dafür trägt, dass das Kind nicht (bewusst) geschädigt wird – egal in welchem Stadium der Schwangerschaft. Wahrscheinlich würden die wenigsten Menschen argumentieren: »Es ist ihr Körper, also kann sie damit tun, was sie möchte«, denn wir erkennen an, dass Eltern eine Fürsorgepflicht für ihre Kinder haben, auch schon vor der Geburt. Doch wenn diese Pflicht bei gewünschten Kindern bereits im Mutterleib gilt, warum dann nicht bei ungewollten Kindern?

Körperliche Autonomie zu Ende gedacht

Das Argument der körperlichen Autonomie ist extrem stark – es ist das zentrale Argument derer, die Abtreibung rechtfertigen, weil man damit die Menschlichkeit und Würde der Ungeborenen nicht zwangsläufig infrage stellen muss. Ausformuliert könnte es also lauten: Auch wenn das Ungeborene ein Mensch mit Wert und Würde ist, hat die Mutter ein Anrecht auf körperliche Autonomie, die aufgrund der Schwangerschaft nicht gewährleistet ist. Deshalb ist Abtreibung als Mittel zur Wiederherstellung der körperlichen Autonomie rechtens. Wer so argumentiert, hat also ein grundsätzlich valides Argument für Abtreibung. Dieses Argument kann immer noch an unterschiedlichen Stellen angefochten werden, doch ist es erst einmal eine solide Grundlage für die Diskussion. Meinem Gefühl nach ist der Teil der Menschen, die dieser Argumentation folgen und *gleichzeitig* die Würde der Ungeborenen in vollem Maße anerkennen, eher die Minderheit. Doch wer dieses Argument zu Ende gedacht und wirklich begriffen hat, braucht die Menschlichkeit der Ungeborenen eigentlich nicht mehr leugnen. Man erkennt die Konsequenz dieser Argumentation beispielsweise daran, dass dann folgerichtig für die Möglichkeit zum Schwangerschaftsabbruch bis zur Überlebensfähigkeit des Embryos außerhalb des Mutterleibs (ca. 24. Schwangerschaftswoche) plädiert wird. Gesetzgebungen, die diese Grenze beinhalten, beziehen sich argumentativ also genau darauf: dass es – unabhängig von der Menschlichkeit oder dem Lebensrecht der Ungeborenen – ein Recht auf Wiederherstellung der körperlichen Autonomie gebe, was bis zu diesem Zeitpunkt nicht ohne eine Tötung des Fötus möglich sei. Sobald der Fötus außerhalb des Mutterleibs potenziell überlebensfähig ist, reicht eine Entbindung ohne zwangsläufige Tötung aus, um die körperliche Autonomie wiederherzustellen. So grausam es sich in vieler Menschen Ohren anhört, Abtreibungen so weit in die Schwangerschaft hinein zu ermöglichen: Im Grunde ist es die einzige logisch konsistente Argumentationslinie. Wem eine solche Frist zu extrem ist – etwa, weil zu diesem Zeitpunkt der Fötus ja bereits nachweislich und eindeutig lebt und als Mensch erkennbar ist –, der muss sich fragen, ob er es mit der körperlichen Autonomie nun doch nicht so ernst meint und eigentlich die Menschlichkeit bzw. Nicht-Menschlichkeit der Ungeborenen der springende Punkt ist oder ob das Lebensrecht der Ungeborenen vielleicht doch wichtiger ist, als man gewillt ist zuzugeben. Im Verlaufe dieses Kapitels wird sich die These noch erhärten, dass die Frage nach der Wertigkeit der Ungeborenen im Vergleich zu ihrer Mutter doch eine größere Rolle spielt, als Verfechter des Autonomie-Arguments behaupten.

Ist körperliche Autonomie absolut?

Ein wichtiger Einwand gegen das Argument der körperlichen Autonomie ist die Feststellung, dass körperliche Autonomie quasi nie absolut ist. Anhand einiger Beispiele möchte ich aufzeigen, dass körperliche Autonomie in der direkten Gegenüberstellung dem Lebensrecht normalerweise untergeordnet wird. Allen Beispielen gemein ist die Tatsache, dass sie nicht wirklich mit einer Schwangerschaft vergleichbar sind. Dennoch sind sie hilfreich, um sich einer Antwort auf die Frage zu nähern, ob eine Schwangerschaft die körperliche Autonomie der Mutter unzulässig einschränkt und welche Rolle dabei das Lebensrecht des Embryos spielt.

Banale Beispiele zeigen, dass grundsätzlich das Recht auf körperliche Autonomie da aufhört, wo das Lebensrecht eines anderen beginnt. Jeder erwachsene Mensch ist frei, so viel Alkohol zu trinken, wie er möchte. Er hat aber nicht das Recht dazu, sich alkoholisiert in ein Auto zu setzen und zu fahren, weil er sonst Menschenleben gefährdet. Wir sehen, dass selbst da, wo nur eine *potenzielle* und keine sicher eintretende Lebensgefährdung stattfindet, der Staat bereits eingreift. Auch wurde in den Jahren der Coronapandemie hitzig darüber debattiert, ob es zulässig sei, die körperliche Autonomie von Menschen in Form einer Impfpflicht einzuschränken, um *potenziell* Menschenleben zu retten. Daher ist es naheliegend, das Lebensrecht erst recht in den Vordergrund zu stellen, wenn nicht nur eine potenzielle Bedrohung, sondern eine sicher eintretende Beschneidung des Lebensrechts stattfinden soll. Wer nun argumentiert, dass es sich dabei ja nicht um körperlich voneinander abhängige Menschen handele, dem sei das Beispiel sogenannter »siamesischer Zwillinge« vor Augen geführt. Denken wir, ohne auf ein endgültiges Ergebnis kommen zu müssen, über folgende Frage nach: Hätte einer der Zwillinge ein Recht, auf der Grundlage körperlicher Autonomie die operative Trennung vom anderen Zwilling einzufordern, wenn dieser bei der OP sicher sterben würde? Ich kann es nicht mit Sicherheit sagen, doch wahrscheinlich würden an dieser Stelle die meisten Menschen für das Lebensrecht des bedrohten Zwillings plädieren. Aber warum ist das so? Weil man an dieser Stelle die Gleichwertigkeit der beiden betroffenen Partien anerkennt? Dieser Fall demonstriert anschaulich, dass auch bei Verwendung des Autonomie-Arguments die Ungeborenen im Fall von Abtreibung auf Grundlage des Machtgefälles in der Mutter-Kind-Beziehung eben nicht als gleichwertig erachtet werden.

Gibt es eine Pflicht, einem anderen Menschen seinen Körper zur Verfügung zu stellen? Die Geiger-, Organ- und Blutspende-Analogie

Umgekehrt gibt es auch Analogien, die die Bedeutsamkeit körperlicher Autonomie im Hinblick auf Schwangerschaftsabbrüche darzulegen versuchen. Ein prominentes Gedankenexperiment stammt von der amerikanischen Philosophin Judith Jarvis Thomson: die *Geiger-Analogie*, die aufzuzeigen versucht, dass körperliche Autonomie unabhängig vom Lebensrecht einer gleichwertigen Person Vorrang hat.[19] In aller Kürze geht es darum, dass man eines Morgens aufwacht und feststellt, dass ein weltberühmter Geiger an den eigenen Körper angeschlossen wurde, weil er unter einer schweren Krankheit leidet und nur der eigene Körper als vorübergehende Rettung fungieren kann. Sollte man dazu verpflichtet sein, den Geiger weiterhin mithilfe seines Körpers am Leben zu erhalten? Etwas lebensnaher sind die Beispiele Organspende und Blutspende. Häufig wird argumentiert, dass die körperliche Autonomie eine Pflicht zur Organspende oder Blutspende verbiete und dass deshalb auch die Fortführung einer Schwangerschaft nicht zur Pflicht werden könne. Diesen Analogien gemein ist, dass sie an den gleichen entscheidenden Stellen hinken, weshalb sie als valide Rechtfertigung für Abtreibung ungeeignet sind:

Intention und Direktheit

Intention und Direktheit der jeweiligen »Maßnahme« unterscheiden sich: Eine Abtreibung tötet den Embryo *gezielt* und *direkt*. Die Tötung ist das *Mittel* zur Wiederherstellung körperlicher Autonomie und kein Nebeneffekt. Wer sich hingegen einer Blut- oder Organspende verweigert, *rettet potenziell nicht*. Die körperliche Autonomie wird nicht durch eine Tötung wiederhergestellt, sondern der potenzielle Tod eines anderen steht unabhängig neben der Ausübung eigener körperlicher Autonomie.

Garantie des Todes und Todesursache

Eine (erfolgreiche) Abtreibung hat immer eine spezifische »Todesgarantie«: Innerhalb eines *begrenzten Zeitraums* wird der Tod des Ungeborenen *aufgrund* der Abtreibung mit Sicherheit eintreten. Das Versterben eines Menschen, der auf ein Spenderorgan wartet, kann oftmals nur unspezifisch vorhergesagt werden. Tritt es dann ein, ist die eigentliche *Ursache* für das Versterben nicht die Verweigerung der Organspende, sondern die zugrunde liegende Erkrankung, die diese erst notwendig gemacht hat.

Verhältnis zu der betreffenden Person

Ein entscheidender Unterschied, der insbesondere die Geiger-Analogie scheitern lässt, ist das Verhältnis zur betreffenden Person: Zwischen Eltern und Kind besteht ein Verantwortungsverhältnis, dessen Ungültigkeit im Mutterleib erst einmal begründet werden müsste. Warum sollte die Fürsorgepflicht für das eigene Kind erst mit der Geburt beginnen? Wenn Eltern ihren Kindern nach der Geburt bewusst schaden, werden sie dafür zur Rechenschaft gezogen – unabhängig davon, ob das Kind geplant war oder nicht, und auch unabhängig davon, ob es seinen Eltern Belastung bereitet. Je abhängiger Kinder von ihren Eltern sind, desto wichtiger ist deren Schutz- und Versorgungspflicht. Man könnte sich auch außerhalb des Mutterleibs Szenarien vorstellen, in denen zeitweise nur ein Elternteil unter Einschränkung seiner körperlichen Autonomie zur Versorgung des Kindes zur Verfügung steht. Gerade beim eigenen Kind wäre das Verständnis gering, wenn hier dem Lebensrecht kein Vorrang gewährt würde.

Verantwortlichkeit für die Situation

Zuletzt der wohl wichtigste Unterschied zwischen einer Schwangerschaft und den genannten Szenarien: die Verantwortlichkeit für die mehr oder weniger gegebene Abhängigkeitssituation. Die Geiger-Analogie lässt es so scheinen, als würde man ohne jede Möglichkeit einer gewissen Vorhersehbarkeit und ohne bewusste Eigenbeteiligung schwanger werden. Auch für die Krankheit eines anderen Menschen trägt man in der Regel keine Verantwortung. Ausgenommen Fälle, in denen die Schwangerschaft infolge eines Gewaltverbrechens entstand, ist dies jedoch bei einer Schwangerschaft normalerweise nicht der Fall. Diese entsteht bestenfalls aufgrund der einvernehmlichen Handlung zweier Menschen, die hoffentlich das nötige Wissen und die Reife besitzen, um sich dessen bewusst zu sein, dass vaginaler Geschlechtsverkehr auch unter Verwendung von Verhütungsmitteln zu einer Schwangerschaft führen kann. Ob man diese Verantwortlichkeit anerkennt oder nicht: Im Vergleich zu den anderen Beispielen bestehen jedenfalls aktive Entscheidungen und eigenes Zutun.

Die Organspende-Analogie beantwortet die Frage nach der Absolutheit körperlicher Autonomie nur dann, wenn man wesentliche Faktoren außer Acht lässt. Mich verwundert manchmal die Kurzsichtigkeit, mit der Menschen diesen Vergleich anbringen, ohne auf Gegenargumente schlüssig einzugehen. Während mir der Aspekt der Verantwortlichkeit für die Existenz des Embryos besonders wichtig erscheint, wird genau dieser Punkt von vielen infrage gestellt.

Stimmt man einer möglichen Schwangerschaft zu, wenn man Sex hat?

Körperliche Selbstbestimmung ist ja besonders dann von Bedeutung, wenn es um Sexualität und Intimität geht. Sexuelle Handlungen dürfen nur dann erfolgen, wenn alle teilhabenden Personen ihre Einwilligung dazu kundgetan haben und diese auch nicht wieder zurückziehen. In der Abtreibungsdebatte wird darüber diskutiert, ob dieses Einverständnis automatisch die Einwilligung in eine potenziell entstehende Schwangerschaft beinhaltet. Die einen würden sagen, dass man nur in den Akt der sexuellen Handlung einwilligt, nicht aber in möglicherweise daraus entstehende Konsequenzen. Andere würden argumentieren, dass man grundsätzlich bei jeder Handlung in ersichtliche potenzielle Konsequenzen einwilligt und daher auch in der Verantwortung dafür steht. Letztlich sind beide Positionen reine Annahmen, keine festgeschriebenen Gesetze; doch es kann von Vorteil sein, diese in der Diskussion abzuklären, denn verschiedene Folgerungen ergeben einmal mehr erst vor dem Hintergrund ihrer Grundannahmen Sinn. Als Fürsprecher der Ungeborenen sehen wir die Pflicht bei den Eltern, für das von ihnen gezeugte Leben Verantwortung zu übernehmen. Auch wenn die Entstehung einer Schwangerschaft nicht *beabsichtigt* ist, so ist sie doch im Rahmen einer »Risikoeinschätzung« als mögliche Konsequenz denkbar.

Es ist sehr schwer zu argumentieren, dass man grundsätzlich nicht für unbeabsichtigte Konsequenzen zur Rechenschaft gezogen werden könnte, denn das ist in der Realität nicht der Fall. Ein Schadens- oder Unfallverursacher wird auch dann zur Wiedergutmachung gebeten, wenn der Schaden oder Unfall nicht beabsichtigt war (ob dann eine Versicherung greift, ist eine andere Frage). Um noch viel näher an der eigentlichen Frage zu bleiben: Ein Kindsvater kann sich auch dann nicht von der Unterhaltspflicht befreien, wenn er im Rahmen seiner Möglichkeiten dafür Sorge getragen hat, dass es nicht zur Schwangerschaft kommt. Vielmehr noch: Nicht einmal wenn die Schwangerschaft bewusst gegen seinen Willen provoziert wurde – landläufig als »Samenraub« bezeichnet –, kommt der Kindsvater um die Unterhaltspflicht herum, weil der Gesetzgeber zu Recht ein gewisses Maß an Eigenverantwortung im sexuellen Kontext voraussetzt. Nun ist die Verpflichtung zur Unterhaltszahlung natürlich kein Eingriff in die körperliche Autonomie des Kindsvaters, sehr wohl aber in seine Autonomie an sich. Immerhin wird seine Lebensgestaltung durch die Verpflichtung zur Unterhaltszahlung ebenfalls eingeschränkt. Um an dieser Stelle nicht missverstanden zu werden: Ich bin absolut davon überzeugt, dass die Unterhaltspflicht zu Recht durchgesetzt wird und dass Väter über die finanzielle Beteiligung hinaus noch viel stärker in die Pflicht genommen werden sollten. Was mir hier wichtig ist: Ich glaube, dass Frauen und Männer gleichermaßen in der Pflicht sind, Verantwortung für das Leben zu übernehmen, das sie in die Existenz gebracht haben. Natürliche körperliche Prozesse bedürfen keiner Einwilligung, sehr wohl aber die Handlungen, die dazu führen.

Nun besteht ein entscheidender Punkt wiederum in der Antwort auf die Frage, was die Ungeborenen sind; denn an dieser Stelle wird häufig argumentiert, dass ein Abbruch der Schwangerschaft ja durchaus Verantwortungsübernahme bedeute – dass es je nach Lebenslage sogar die verantwortlichere Entscheidung sein könne. Warum ich letztere Haltung klar ablehne, wird im nächsten Kapitel noch deutlich. In gewisser Weise stimme ich aber dem zu, dass eine Abtreibung nicht vom Tragen der Konsequenzen befreit – zumindest nicht die Frau, denn eine Abtreibung macht die Schwangerschaft ja nicht ungeschehen. Für den Mann ist der Prozess mit der Abtreibung häufig erledigt. Vielleicht übernimmt er gönnerhaft die

Kosten oder fährt seine Partnerin zur Klinik. Doch körperlich und emotional hat der Mann dann oftmals seinen Teil der Konsequenzen »erledigt«. Frauen werden zumindest tage- oder wochenlang die Auswirkungen der Abtreibung zu spüren bekommen – manche wird sie seelisch ein Leben lang begleiten (vgl. Kapitel 11). Dennoch kann die Tötung eines unschuldigen Menschen – wenn man Abtreibung als solche anerkennt – nicht als gleichwertige Alternative dazu erachtet werden, diesen Menschen, für dessen Existenz man selbst gesorgt hat, am Leben zu lassen.

Ist eine Abtreibung eine Notwehrsituation?

Ein Fall, in dem die körperliche Autonomie tatsächlich das Lebensrecht eines anderen Menschen übertrumpfen kann, ist eine Notwehrsituation. Daher liegt es nahe, dass manche Menschen Abtreibung als eine Art Notwehrsituation ansehen. Ohne in die rechtlichen Tiefen dieser Überlegungen einzusteigen, hinkt dieser Vergleich an den basalsten Stellen. Ein wehrloses und vollkommen abhängiges, nur wenige Zentimeter großes Wesen wird einem gewalttätigen Aggressor gleichgestellt, gegen den es sich zu wehren gilt. Schwangerschaft wird als gesundheitsschädliche oder potenziell lebensbedrohliche Situation betrachtet, was zum einen nicht per se wahr ist und zum anderen frauen- und kinderfeindliche Narrative befeuert. Weiterhin liegt die Verantwortlichkeit für die Situation, wo auch immer man sie verortet, jedenfalls nicht beim Ungeborenen. Der Vergleich einer Schwangerschaft mit einer Notwehrsituation mag auf den ersten Blick wie eine sachliche Überlegung daherkommen. Bei genauerem Hinschauen macht er aber das Ungeborene auf unfaire Art zum Aggressor und verschiebt die Verantwortung für die Situation völlig.

Die Menschlichkeit des Ungeborenen und die körperliche Autonomie stellen die beiden zentralen Argumente in der Debatte um Abtreibung dar. Alle anderen Argumente führen letztlich auf diese beiden Fragen zurück. Dabei passiert es leicht, in eine Endlosschleife der Diskussion zu geraten, wie die Abbildung zeigt. Wenn das der Fall ist, empfiehlt es sich, die Diskussion höflich zu beenden oder auf andere Aspekte zu lenken, denn obwohl es sehr gute Argumente für beide Positionen gibt, sind sie letztlich philosophischer Natur, und ihre Überzeugungskraft ist davon abhängig, ob man die Annahmen der jeweiligen Position anerkennt oder nicht.

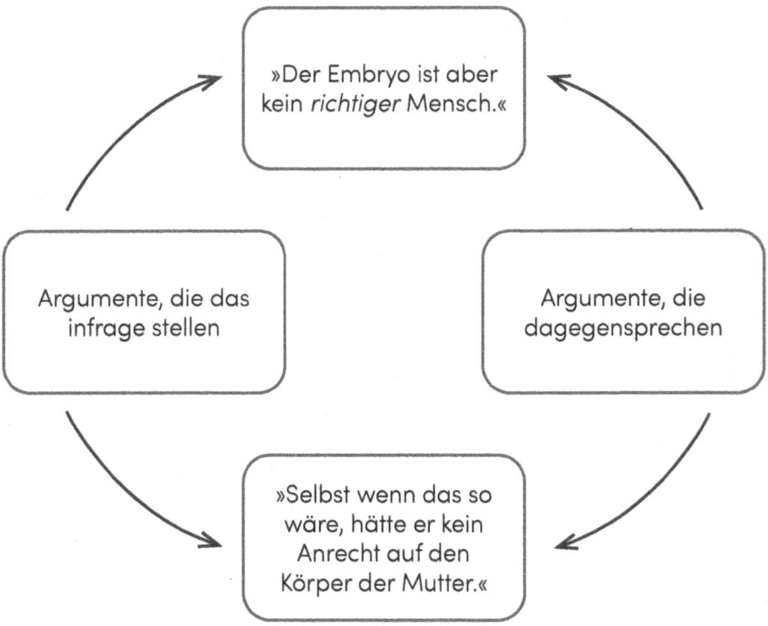

Abb.: Endlosschleife der Diskussion um die beiden zentralen Argumente der Debatte

Fazit: Das Argument körperlicher Autonomie in der Abtreibungsdebatte ist dann stark, wenn die Schlüsse daraus konsequent gezogen werden. Allerdings wird die Gültigkeit der Voraussetzungen des Arguments oft unhinterfragt und unbegründet angenommen, als seien diese Annahmen unbestritten wahr. Wer sich auf das Argument der körperlichen Autonomie beruft, sollte bereit dazu sein, diese Annahmen genauso begründen zu können, wie man das Lebensrecht der Ungeborenen verteidigen können sollte. »Das ist so« reicht nicht als Rechtfertigung dafür aus, ein Menschenleben zu beenden. Körperliche Autonomie ist ein extrem hohes Gut und darf nicht leichtfertig zur Disposition gestellt werden. Allerdings endet sie in der Regel dort, wo das Lebensrecht eines anderen Menschen beginnt.

KURZ UND KNAPP

»Körperliche Autonomie ist ein extrem hohes Gut. Ich bin allerdings der Meinung, dass sie dort endet, wo das Leben eines anderen Menschen beginnt.«

»Schwangerschaft ist eine außergewöhnliche Situation und mit kaum etwas anderem vergleichbar. Die körperliche Abhängigkeit zwischen Mutter und Kind ist beidseitig extrem hoch. Es stellt sich aber die Frage, ob diese Abhängigkeit rechtfertigt, dass ethische Grundprinzipien allein dadurch ausgehebelt werden können, dass eine körperliche Abhängigkeit besteht.«

- Ist der Körper ein rechtsfreier Raum? Welche Beispiele fallen dir ein, die dafür- oder dagegensprechen?
- Welche Annahmen liegen deiner Position zugrunde?

6. »Bevor das Kind nicht geliebt wird, ist es besser, es wird nie geboren«

(Potenzielles) Leid als Maßstab für Moral?

Varianten: »Soll das Kind nachher lieber Gewalt und Vernachlässigung erleben?«, »Es ist besser, dem Kind ein leidvolles Leben/ein Leben mit Krankheit/Behinderung zu ersparen«, »Wenn die Kinder geboren sind, ist euch doch völlig egal, was mit ihnen passiert«.

Aussagen, die Abtreibung im Hinblick auf zukünftiges Leid des Kindes oder auch der Eltern rechtfertigen, kommen in beinahe jeder Diskussion über Schwangerschaftsabbruch vor. Einmal mehr möchte ich zunächst betrachten, welche Grundannahmen und Implikationen sich dahinter verbergen können. Wir werden feststellen, dass auch dieses Aussagenbündel zur Frage nach der Menschlichkeit des Embryos zurückführt und dass gleichzeitig eine weitere wichtige philosophische Frage eröffnet wird: Taugt (potenzielles) Leid als Maßstab für Moral?

Die erste Grundannahme, die die oben genannten Aussagen beinhalten, teilen sicherlich die allermeisten Menschen: Es ist wünschenswert, Leid so weit wie möglich zu vermeiden oder entgegenzuwirken. Weitere Annahmen können, müssen aber nicht impliziert sein. Es empfiehlt sich, im Zweifel nachzufragen, welche davon zutreffen.

- Bei einer Abtreibung wird verhindert, dass ein potenziell leidendes Menschenleben entsteht.
- Ungeplante Kinder werden automatisch weniger geliebt.
- Im individuellen Fall kann vorhergesehen/abgeschätzt werden, wie viel Leid ein Kind erleben wird.
- Zukünftiges Leid rechtfertigt die Tötung eines Menschen.

- Töten kann ein Akt der Barmherzigkeit/der Liebe gegenüber dem Getöteten sein, wenn dadurch Leid vermieden wird.

Trifft der zuerst genannte Punkt zu, gilt es klarzustellen, dass dieser Mensch ja bereits existiert und lebt. Es ist nicht so, dass dieser Mensch noch nicht da wäre und sein »In-die-Existenz-Kommen« durch Abtreibung verhindert wird, sondern sein bereits stattfindendes Leben wird frühzeitig und gewaltsam beendet. Dies führt in der Regel wieder auf die Themen der ersten Kapitel dieses Buches zurück. Wenn wir beim Thema Leid bleiben und auf die berechtigen Einwände diesbezüglich eingehen, sollte uns bewusst sein, welche Rolle Emotionen in Politik, Medien und dem öffentlichen Raum insgesamt einnehmen.

Wer den gesellschaftlichen Diskurs aufmerksam beobachtet, dürfte bemerken, dass Emotionen darin eine zentrale Rolle spielen. Fakten und logische Argumente reichen nicht dazu aus, um die Masse von einer Sache zu überzeugen. Sie sind – wenn überhaupt – nur die halbe Miete. Wer ein Produkt oder Thema »verkaufen« will, muss die Emotionen der Zielgruppe erreichen. Nun sind wir Menschen erfreulicherweise eine sehr mitfühlende Spezies, was uns bereits große Gewinne in puncto gesellschaftliches Zusammenleben gebracht hat. Gleichzeitig sind wir insbesondere durch negative Emotionen wie Angst oder Mitleid manipulierbar. Vielleicht ist es nur meine persönliche Wahrnehmung, doch es scheint, als würden Emotionen gesellschaftliche Entwicklungen stärker bestimmen, als wir wahrhaben wollen. An vielen Stellen wird es gar zum einzigen Maßstab für Moral gemacht, was verschiedene Problematiken mit sich bringt.

Leid ist subjektives Erleben

Mit dem Leid ist es wie mit allen emotionalen Prozessen, die in einem Menschen stattfinden: Man kann es nur bedingt beschreiben, messen oder vergleichbar machen. Das ist einer der wichtigsten Gründe, warum Leid als Maßstab für Moral ungeeignet ist. So kann dasselbe Ereignis in verschiedenen Menschen unterschiedliche und auch unterschiedlich starke Reaktionen hervorrufen. Beispielsweise erkranken nicht alle Menschen nach Erleben eines traumatischen Ereignisses an einer Traumafolgestörung. Das bedeutet nicht, dass dieses Ereignis andere Menschen kaltlässt; sie haben möglicherweise nur andere Ressourcen und Mechanismen, um damit umzugehen. Umgekehrt können zwei völlig unterschiedlich intensive Ereignisse bei zwei Personen zu einer ähnlichen Reaktion führen. Es ist unmöglich, das eine Leid mit dem anderen Leid zu vergleichen oder sie gar gegeneinander auszuspielen. Nur weil der eine ein schwereres Schicksal zu tragen hat als der andere, heißt das nicht, dass die Trauer oder die Angst des Zweiten unbegründet oder nicht gerechtfertigt sein können. Jemandem sein Leid oder seine Gefühle abzusprechen oder kleinzureden führt in der Regel zu Verletzung, innerem Rückzug oder Reaktanz (also Trotz oder innere Ablehnung) – selten jedoch zu einer Verbesserung oder Lösung der Situation. Deshalb ist die Berücksichtigung von Emotionen und insbesondere die Verminderung von Leid ein valides Anliegen. Doch wer Leid zur höchsten Instanz von Moral macht, nimmt sich das Recht heraus, Leid zu quantifizieren und zu definieren, welches Leiden höher wiegt als ein anderes.

Was ist, wenn man Leid nicht »spürt«?

Schmerzempfinden und Bewusstsein sind häufig genannte Kriterien dafür, ob ein Lebewesen als schützenswert erachtet wird. Im Umkehrschluss seien Embryonen nicht schützenswert, weil sie noch keinen Schmerz empfänden, und mehr noch: Man täte ihnen einen Liebesdienst, wenn man sie durch eine Abtreibung vor zukünftigem Leid bewahre, solange sie noch nichts davon mitbekämen bzw. sich dessen gar nicht bewusst sein könnten. Manchmal wird auch der direkte Vergleich zur Mutter gezogen: Das Anliegen einer fühlenden, leidensfähigen Person könne ja nicht weniger gewichtig sein als das eines Embryos, der die Fähigkeit, Leid zu empfinden, noch überhaupt nicht besitze.

Nach aktuellem Stand kann aber nicht mehr ausgeschlossen werden, dass Embryonen bereits mit 12 Wochen Schmerzen empfinden können.[20] Daher stellt sich die Frage, ob die Fähigkeit zur bewussten Wahrnehmung von Leid überhaupt eine Voraussetzung dafür sein kann, Schutzrechte zu genießen. Blicken wir auf einige Beispiele. Es gibt eine sehr seltene Krankheit namens kongenitale Analgesie, die dazu führt, dass Betroffene keinen Schmerz wahrnehmen können. Wäre es gerechtfertigt oder moralisch akzeptabel, diese Menschen zu schlagen, nur weil sie den Schmerz nicht spüren? Man könnte nun argumentieren, dass diese Menschen ja bewusst miterleben, wenn sie ungerecht behandelt würden und dies auch ohne körperliche Schmerzen eine Verletzung ihrer Würde darstelle. Man könnte weiter fragen, ob es denn in Ordnung wäre, einen bewusstlosen oder unter Narkose stehenden Menschen zu misshandeln, solange dies keine bleibenden Schäden hinterlässt und die Person nichts davon mitbekommt. Oder ob das Töten eines Menschen weniger schlimm ist, wenn dieser geistig so schwer beeinträchtigt ist, dass er sich und seine Umwelt nicht bewusst wahrnehmen kann. Diese Beispiele machen deutlich, dass die bewusste Wahrnehmung keine Entscheidungsgrundlage dafür sein kann, ob eine Handlung moralisch falsch ist oder nicht. Letztlich kommen wir auch an diesem Punkt wieder auf die Frage zurück, ob es sich bei den Ungeborenen um Menschen handelt oder nicht. Wenn wir sie als Menschen betrachten, ändert ihr mangelndes Schmerzempfinden jedenfalls nichts an der Unrechtmäßigkeit ihrer Tötung. Gewalt nicht *spüren* zu können bedeutet nicht, Gewalt nicht *erfahren* zu können.

Ein Leben ohne Leid gibt es nicht

Eine Kernaussage des Buddhismus lautet: »Das Leben ist Leiden«, und das Ziel eines buddhistischen Lebensstils ist es, das Leiden zu überwinden. Es ist nicht verwunderlich, dass sich an den Buddhismus angelehnte Spiritualität großer Beliebtheit erfreut, wo die Erkenntnis des Leids und die Sehnsucht nach seiner Überwindung so tief menschlich und verständlich sind. Doch selbst wenn es uns gelingen würde, einen perfekten Umgang mit dem Leid zu erlernen, würde es die Tatsache nicht ändern, dass unser Leben jederzeit von Unheil bedroht ist. Schicksalsschläge, Krankheiten, Unfälle, Armut, Krieg und Ungerechtigkeit gehören zu unserer Welt und prägen das Leben eines jeden Menschen auf unterschiedliche Weise und in unterschiedlichem Maße. Leid und Leiden minimieren zu wollen, ist zwar ein hehres Ziel, doch bei allem Bemühen wird es nie zu 100 Prozent gelingen. Das bedeutet natürlich nicht, dass sich dieses Bestreben nicht lohnt. Doch wer argumentiert, man solle Leid zum Maßstab für Moral machen, muss sich ernsthaft der Frage stellen, ob Leben dann überhaupt moralisch ist oder ob es nicht grundsätzlich besser wäre, gar nicht zu leben. Tatsächlich würden viele diese

Frage unter Umständen bejahen. Wer für sein Leben entscheidet, das Leid nicht mehr aushalten zu wollen, solle dies tun können. Im Fall Ungeborener hätte die Mutter ebendiese Entscheidung zu treffen. Sie vor Leid zu bewahren sei unter Umständen sogar moralisch geboten. Auch diese Aussage lässt sich – wie so viele – nur dann konsequent rechtfertigen, wenn man die Ungeborenen nicht als vollwertige Menschen erachtet. Bei bereits geborenen Menschen wird nämlich meistens durchaus anerkannt, dass es nicht barmherzig ist, für jemanden anders zu entscheiden, dass sein Leben im Angesicht seines Leidens nicht lebenswert sei. Leben und Leiden gehören untrennbar zusammen. Um es mit den Worten eines kleinen Doktorfisches zu sagen: *»Du kannst doch nicht zulassen, dass ihm nie etwas passiert. Dann passiert ihm doch nie etwas.«*[21]

Potenzielles Leid – tatsächliches Leid

Man könnte an dieser Stelle ein spannendes Gedankenexperiment durchführen: Bekanntermaßen gibt es die sogenannte Pränataldiagnostik, durch die Gendefekte oder vererbbare Krankheiten bereits im Mutterleib erkannt werden können. Angenommen, Wissenschaftler würden eine Methode erfinden, um jede Art von zukünftigem Leid im Leben eines Kindes feststellen zu können. So könnte man bereits in den ersten Schwangerschaftswochen feststellen, dass das Kind mit hoher Wahrscheinlichkeit einmal unbeliebt sein würde, psychisch erkranken, Armut erfahren oder Suizid begehen würde. Vielleicht könnte man sogar ganz konkrete Ereignisse wie Unfälle oder andere Schicksalsschläge vorhersagen. Was würde daraus resultieren?

Wahrscheinlich würden die meisten Eltern eine solche Testung überhaupt nicht in Anspruch nehmen wollen. Der Grund dafür ist ziemlich simpel: Bei jedem Menschen würde irgendetwas zutreffen und man würde das Leben des Kindes nicht ständig im Licht des bevorstehenden Leides betrachten wollen. Und selbst wenn wir mit Sicherheit wüssten, dass einen Menschen ein schlimmes Schicksal erwartet: Sollte dieser Mensch seines gesamten Lebens beraubt werden, um das schlimme Schicksal zu vermeiden? Tatsache ist: So eine Testung gibt es nicht. Niemand kann mit Sicherheit sagen, wie es einem Menschen gehen wird, wenn dieser unter bestimmten Bedingungen aufwächst. Wenn es nicht einmal angesichts *tatsächlichen* Leids gerechtfertigt ist, einen Menschen zu töten, wie kann das dann angesichts *potenziellen* Leids der Fall sein? Bei diesen Überlegungen wird die Diskussion früher oder später wieder auf die zentralen Argumente der Menschlichkeit und der Selbstbestimmung zurückkommen. Denn wenn wir einem geborenen Menschen potenzielles Leid nicht durch seinen unfreiwilligen Tod ersparen würden, wieso sollten wir das dann bei einem ungeborenen Menschen tun?

Ableismus[22] unter dem Deckmantel von Mitgefühl

Manch einer würde entgegnen, dass die Konsequenzen dieser Ungleichbehandlung bei Ungeborenen sehr viel weniger drastisch seien, weil sie ja selbst nichts davon mitbekommen. Menschen, die aufgrund von Geschlecht oder Herkunft diskriminiert würden, seien hingegen fühlende Menschen, die die Ungerechtigkeit bewusst erleben. Solange man angemessene Fristen setze, sei Abtreibung demnach unproblematisch. Zu welch drastischen Schlüssen eine solche Denkweise führen kann, zeigt sich, wenn man Menschen zuhört, die ihre Argumentation konsequent zu Ende führen, wie dem australischen Philosophen Peter Singer. Seiner Philosophie zufolge verläuft die Trennlinie zwischen »schützenswert« und

»nicht schützenswert« speziesübergreifend da, wo die Fähigkeit zu Leidempfinden vorhanden ist. So kommt er zu dem Ergebnis, dass es moralisch erlaubt sein kann, einen behinderten Säugling bis zu einem Monat nach der Geburt zu töten, während er das Töten bestimmter Tiere für unmoralisch hält.

Obwohl sich die allermeisten Menschen vermutlich von Singers Position distanzieren würden, sind seine Ansichten nicht so weit weg von dem, was in der Realität bereits stattfindet. In einigen Ländern wie Kanada oder manchen US-amerikanischen Bundesstaaten gibt es keine Fristen für die Durchführung von Abtreibungen, egal mit welcher Begründung. In Deutschland darf eine Schwangerschaft mit medizinischer Indikation theoretisch bis zum Geburtsbeginn abgebrochen werden. So werden jährlich ca. 600 bis 750 Abtreibungen nach der 22. Schwangerschaftswoche durchgeführt[23] – Tendenz steigend. Die »medizinische Indikation« muss sich dabei zwar offiziell auf die Gesundheit der Mutter beziehen wie etwa psychische Belastung; diese wird aber in der Realität gerade bei Fehlbildungen oder Chromosomenanomalien des Fötus attestiert. Während es dabei meines Erachtens aus moralischer Sicht irrelevant ist, ob eine Abtreibung in der 8., 12. oder 22. Woche stattfindet, ist es bemerkenswert, dass hier in der Praxis doch andere Regeln für behinderte oder kranke Kinder gelten als für alle anderen Kinder.

Diese Tatsache ist sogar für so manch hartgesottenen Verfechter eines Rechts auf Entscheidungsfreiheit bezüglich Abtreibung ein Skandal. So erinnere ich mich lebhaft an eine spannende Diskussion, die ich einmal mit einer engagierten Pro-Choice-Vertreterin geführt habe. An diesem Abend durfte ich in einer freikirchlichen Gemeinde einen Vortrag zum Thema Abtreibung halten. Bereits vor Beginn der Veranstaltung fielen mir drei junge Menschen auf, zwei Männer und eine Frau, die rein optisch überhaupt nicht ins Bild passten. Dennoch nahm ich mir vor, die jungen Leute nicht vorzuverurteilen oder gar in eine Schublade zu stecken, und hielt meinen Vortrag wie gewohnt. Anschließend entwickelte sich eine intensive und lebhafte Diskussion mit besagten Teilnehmern – überzeugten Pro-Choice-Vertretern. Unsere Standpunkte hätten unterschiedlicher nicht sein können – und dennoch fanden wir an mehreren Stellen »common ground« – also Aspekte, in denen wir übereinstimmten. Einer davon war die Tatsache, dass es ein großer Skandal ist, dass für behinderte und kranke Föten Sonderregeln in Bezug auf Abtreibung gelten.

Auch wenn man das Argument der Leidvermeidung nicht auf das ungeborene Kind, sondern auf die Eltern anwendet, bleibt ein fader Beigeschmack nicht aus. Eltern behinderter Kinder kritisieren oftmals Aussagen wie »Ich könnte das nicht« oder »Wie toll, dass ihr so viel Kraft habt. Das hätte ich nicht«. Sie implizieren, dass das Leid und die Belastung, die mit der Behinderung eines Kindes einhergehen, vorhersehbar sind und in jedem Fall beliebig abgewendet werden könnten. Dabei werden die allermeisten Behinderungen ja erst im Laufe des Lebens erworben.[24] Den Alltag von Eltern mit behinderten Kindern als inspirierend zu framen und dabei für sich selbst grundsätzlich auszuschließen, ein behindertes Kind auszutragen, wirkt der Normalisierung und Integration dieser Familien in die Gesellschaft entgegen. Sie werden aus der Distanz beklatscht, darüber hinaus möchte man lieber nicht allzu sehr mit der unbequemen Realität von Krankheit und Behinderung konfrontiert werden. Die Annahme und Bewältigung von Belastung und Leiden werden in einen privaten, separaten Raum gedrängt, anstatt sie als gemeinschaftliche und solidarische Aufgabe in die Mitte der Gesellschaft zu stellen. Wenn wir das Leid und dessen Bewältigung nicht als normalen Teil unseres Lebens annehmen, werden wir auch diejenigen nicht annehmen, deren Leben davon begleitet wird.

»Leidende« hören mit

Ein weniger argumentativer, jedoch trotzdem bedenkenswerter Aspekt ist das Urteil, das über Menschen mit genau dem Schicksal gesprochen wird, das Ungeborenen »erspart« werden soll. Menschen mit Behinderungen und Krankheiten; Menschen, die in zerrüttete Familien oder ein gewaltvolles, missbräuchliches Umfeld hineingeboren wurden; Menschen, die unter widrigsten Umständen gezeugt wurden und aufgewachsen sind: Sie alle können mithören und -lesen, wenn jemand behauptet, dass es ein Kind unter solchen Umständen besser hat, wenn es gar nicht erst geboren wird. Nun gibt es sicherlich Menschen, die wünschten, es wäre ihnen so ergangen. Doch die meisten sind vermutlich froh darüber, am Leben zu sein. Ist ihr Leben denn weniger wert, weil sie keine optimalen Startbedingungen hatten? Die Aussage, es sei barmherziger, ein Kind abzutreiben, als es unter leidvollen Bedingungen aufwachsen zu lassen, maßt sich in mehrfacher Hinsicht ein Urteil an. Sie beinhaltet die Annahme, die eigene Definition von Leid und Leiden sei automatisch und universell gültig, was Betroffene selbst ganz anders wahrnehmen können. Ein wichtiges Statement behinderter Menschen ist die augenöffnende Erkenntnis: Behindert ist man nicht, man wird behindert. Einschränkungen, Leidensdruck und verminderte Teilhabe haben ihren Ursprung demnach nicht primär in der Normabweichung der körperlichen oder geistigen Verfassung der Person, sondern im Umgang der Gesellschaft damit. Als außen stehender Mensch zu definieren, welches Leben garantiert leidvoll ist, befeuert wohl eher die Stigmatisierung weniger privilegierter Menschengruppen, als dass es ihnen hilft.

Neben dem Urteil, dass ein möglicherweise leidvolles Leben weniger lebenswert sei, werden im selben Atemzug auch Eltern bzw. Frauen verurteilt, die sich unter widrigen Umständen für das Leben ihres Kindes entscheiden. Während dem Kind im besten Fall noch Mitleid entgegenkommt, müssen sich die Eltern regelrecht dafür rechtfertigen und sind schlimmsten Vorurteilen ausgesetzt, wenn sie ihrem Kind unter bestimmten Umständen das Leben schenken. Auch hier wird sichtbar, wie die Möglichkeit zum Schwangerschaftsabbruch letztlich Eltern und insbesondere Müttern schadet, indem Stereotype und Vorurteile immer weiter zementiert werden. »Sie hätte ja abtreiben können.«

Abtreibung ist keine Lösung für Leid

Oftmals wird argumentiert, dass Abtreibung notwendig sei, weil Frauen und ihre Kinder Gewalt, Armut und Not ausgesetzt sind. Solche Aussagen widersprechen dem Narrativ der »freien Entscheidung« diametral: Wer eine Schwangerschaft abbricht, weil irgendwelche Nöte im Spiel sind, der hat diese Entscheidung mitnichten frei getroffen. In der Wirklichkeit ist das kein seltenes Szenario: Über verschiedene Studien und Erhebungen hinweg sind partnerschaftliche Probleme und finanzielle Sorgen die meistgenannten Gründe für eine Abtreibung.[25] Und es ist wahr, dass ein (weiteres) Kind solche Situationen oftmals noch intensivieren kann. Es gibt aber auch Fälle, in denen eine Abtreibung die Notlage sogar verschlimmern kann. Beispielsweise ist das Risiko für psychische Folgen einer Abtreibung bei Menschen mit psychischer Vorbelastung deutlich erhöht (vgl. Kapitel 11). Auch kann eine Abtreibung durch äußeren Druck eine Partnerschaft dauerhaft belasten oder gar zerstören. Wie sich ein Schwangerschaftsabbruch oder das Austragen eines Kindes auf die Lage der Mutter auswirken, ist von Fall zu Fall unterschiedlich. Doch vollständig lösen kann eine Abtreibung die zugrunde liegende Notlage am Ende nicht.

Es wäre wünschenswert, dass sich unser System dahin gehend fokussiert, zugrunde liegende Notlagen von Schwangeren effektiv zu lösen, anstatt ihnen die Tötung ihres eigenen Kindes als gute Option zu verkaufen. Wer die Menschlichkeit der Ungeborenen und ihr Unverschulden an der Notlage der Mutter anerkennt, kann es nicht als gleichwertige Alternative erachten, anstelle der Not das Kind zu beseitigen. Beratungsstellen von Lebensschutz-Organisationen, die die Schwangere und den Schutz der Ungeborenen gleichermaßen in den Blick nehmen, arbeiten genau nach diesem Prinzip: Sie zeigen den Schwangeren, deren Herz bereits für ihr Kind schlägt, Alternativen und Lösungen auf, die die zugrunde liegende Notlage adressieren (vgl. Kapitel 7).

Fazit: Eltern und ihre unter widrigen Umständen geborenen Kinder sind schon allein durch ihre Lebensumstände benachteiligt. Das Narrativ, dass Abtreibung genau für solche Fälle unerlässlich sei, zementiert Stigmata und diskriminierende Mechanismen. Daran wird sichtbar, dass Leid als Maßstab für Moral nicht nur ungeeignet, sondern sogar schädlich sein kann.

KURZ UND KNAPP

»Natürlich wäre es wünschenswert, dass jedes Kind einen optimalen Start ins Leben hat. Wir würden es jedoch nicht für gerechtfertigt halten, ein geborenes Kind zu töten, weil es Leid erfährt. Warum sollte es dann gerechtfertigt sein, ein ungeborenes Kind zu töten, dessen Zukunft überhaupt nicht sicher vorhersehbar ist?«

- Gibt es so etwas wie »Töten aus Barmherzigkeit«? Welche Beispiele fallen dir ein und wie werden sie begründet?
- Welche Bedeutung hat Leid für dich persönlich?

7. »Von wegen Pro Life – ihr seid doch nur Pro Birth!«

Was die Pro-Life-Bewegung für Frauen und ihre Kinder tut und warum sie trotzdem dafür kritisiert wird

Varianten: »Nach der Geburt sind euch die Kinder doch egal«, »Sorgt lieber mal dafür, dass…«, »Wie viele Kinder hast du schon adoptiert?.«

Es erstaunt mich immer wieder aufs Neue, die Aussage zu hören, wer sich gegen Abtreibung ausspricht, dem seien die Kinder nach der Geburt egal. Was ist es, das diesen Eindruck vermittelt? Wahrscheinlich spielen Stereotype hierbei eine gewisse Rolle. Im Hintergrund schwingt vielleicht auch mit, dass man glaubt dadurch zu beweisen, worum es dem Gegenüber »eigentlich« gehe. Mein subjektiver Eindruck ist, dass viele Menschen solche Aussagen ohne weitere Überlegung äußern, weil es halt zu den üblichen Slogans »dazugehört« – viel Substanz hat dieses »Argument«, das eigentlich gar keines ist, jedenfalls nicht, denn es lässt sich leicht entkräften. Wer genau hinschaut, wird sehen, welch großartige Arbeit in diesem Bereich bereits geleistet wird. Doch stellen wir uns zunächst wieder die Frage, was hinter solchen Aussagen stecken könnte und welche Schlüsse daraus gezogen werden können.

Spekulation, Whataboutism oder berechtigte Frage?

Aus der Perspektive derer, denen sowohl die Ungeborenen als auch ihre Mütter wirklich am Herzen liegen, klingen solche Anschuldigungen wie bloße Annahmen. Es ist immer problematisch, darüber zu spekulieren oder zu unterstellen, worum es einer undefinierten Gruppe von Menschen »in Wirklichkeit« gehe. Man könnte auch provokant zurückfragen, ob das im Umkehrschluss bedeute, dass die Befürwortung von Abtreibung von der moralischen Verpflichtung befreit, sich diesbezüglich um Veränderung zu bemühen. Doch anstatt gleichsam mit Zynismus und Verdächtigung zu kontern, ist es dem Gespräch vermutlich zuträglicher zu klären, ob es vielleicht einen konkreten Anlass für die getätigte Äußerung gibt und auf wen sie sich genau bezieht. Vielleicht steht eine persönliche Erfahrung dahinter?

Auf rein argumentativer Ebene würde man hierbei wohl von einer Form des Whataboutism[26] sprechen, denn die Frage danach, wie man sich konkret für Frauen und Kinder engagiert, hat ja nichts mit der Frage zu tun, ob Abtreibung unrecht ist oder nicht. Eine ethische Fragestellung darf und muss auch unabhängig davon diskutiert werden, wie sich die Sprecher politisch oder praktisch engagieren und positionieren. Das gilt für beide Seiten. Dennoch würde ich auch hier davon absehen, damit im Gespräch aufzutrumpfen, denn in ganz pragmatischer Hinsicht ist dieser Punkt ja extrem wichtig und berechtigt: Wenn wir eine Gesellschaft bauen wollen, in der Abtreibung keine Notwendigkeit darstellt, braucht es Strukturen, die Eltern und Kindern zugutekommen. Insofern scheint der beste Weg für einen konstruktiven Diskurs darin zu liegen, diese Notwendigkeit als Gemeinsamkeit der verschiedenen Positionen im Sinne eines »kleinsten gemeinsamen Nenners« festzuhalten.

Vorbild Amerika?

In den USA hat diese Diskussion nochmals ein anderes Gewicht. Dort herrschen in manchen Bereichen Zustände, die einer fortschrittlichen Gesellschaft keineswegs würdig sind: eine dramatisch hohe Müttersterblichkeitsrate, ein von kapitalistischen Interessen geleitetes Gesundheitssystem, extrem hohe Hürden für Bildung, Vollzug der Todesstrafe samt Hinrichtungen in einigen Bundesstaaten – was ja auch eine Frage der Lebensethik ist – und strukturelle Ungerechtigkeiten, die die gesamte Gesellschaft durchziehen. Es ist nicht verwunderlich, dass besonders dort der Vorwurf laut wird, man interessiere sich nur für die Kinder, solange sie sich noch im Mutterleib befinden. Das Stereotyp eines amerikanischen Pro-Lifers ist ein privilegierter, politisch konservativer Christ, der sich gegen ein öffentliches Gesundheitssystem, für liberale Waffengesetze und am besten noch für die Todesstrafe ausspricht. Aus europäischer Sicht kann ich den Vorwurf der Heuchelei gut nachvollziehen. Doch bei aller berechtigten Kritik an den amerikanischen Verhältnissen und dem gedanklichen Spagat, der für die Vereinbarkeit mancher Ansichten zu leisten ist, wäre es unfair, nur diese Aspekte zu beleuchten. Besonders hervorzuheben sind die knapp 3 000 sogenannten *Pro-life Pregnancy Centers*, die nach Angaben des Charlotte-Lozier-Instituts im Jahr 2019 Dienstleistungen, Kurse und Materialien im Wert von über 266 Millionen US-Dollar gratis an Hilfesuchende vergaben.[27] Obwohl diese Zentren aus verschiedenen Gründen in der Kritik stehen, ist nicht zu leugnen, dass sie genau an der Stelle greifen, an der der Pro-Life-Bewegung mangelndes Engagement vorgeworfen wird. Schwangeren in Not werden dort praktische, finanzielle und medizinische Hilfe und Beratung angeboten, damit sie dazu befähigt werden, eine Entscheidung für ihr Kind zu treffen. Es ist zudem zu beobachten, dass eine Reihe amerikanischer Bundesstaaten, in denen neuerdings eine restriktivere Gesetzgebung im Hinblick auf Abtreibungen gilt, gleichzeitig Programme zur Förderung von Schwangeren, Familien und Kindern implementiert haben. So plant der Bundesstaat Texas 70 Millionen Dollar pro Jahr zu diesen Zwecken ein, North Carolina investiert 160 Millionen Dollar über einen Zeitraum von zwei Jahren. Ein Report des Lozier-Instituts[28] fasst die geplanten und bereits in Kraft getretenen Maßnahmen zusammen und macht deutlich, dass – entgegen der Aussage vieler – Pro Life eben nicht nur Pro Birth heißt, sondern auch konkrete Schritte zur Unterstützung von Familien, Müttern und ihren Kindern bedeutet.

Und bei uns?

Wahrscheinlich ist ein Teil des amerikanischen Stereotyps auch nach Europa übergeschwappt und hat den Gedanken verankert, dass sich Lebensschutz nur auf die Ungeborenen beziehe. Besonders verwundert mich dabei, dass das Stereotyp zwar die Eigenschaft »Christ« enthält, doch gleichzeitig zu übersehen scheint, dass gelebte Nächstenliebe als eine Kernbotschaft des Christentums in Form zahlreicher sozialer Einrichtungen und Hilfsangebote seit vielen Jahrhunderten etabliert ist. Zumindest hierzulande sind Sozial- und Gesundheitssysteme ohne kirchliche Beteiligung auf die Schnelle undenkbar.

Wenn wir nun auf das blicken, was die Lebensschutzbewegung oder christliche Organisationen darüber hinaus leisten, ist die Unterstellung, man würde das Leben nur bis zur Geburt schützen und fördern, geradezu absurd – besonders wenn man den Vergleich zu den Institutionen zieht, die Abtreibung als eine gleichwertige Alternative erachten. Die Liste der Angebote umfasst unter anderem:

- Beratung im Schwangerschaftskonflikt in Verbindung mit der Möglichkeit zu finanziellen, materiellen oder sozialen Ressourcen auch über die Geburt hinaus,
- Helfernetzwerke zur praktischen und sozio-emotionalen Unterstützung,
- Schutzstellen und Unterkünfte,
- Stiftungen und Förderstellen und
- Beratungs- und Gesprächsangebote für Frauen nach Schwangerschaftsabbruch oder für medizinisches Personal.

Beachtenswert ist, dass in Deutschland im Gegensatz zu den USA staatliche Fördermittel für diese Angebote kaum eine Rolle spielen. Dafür ist unter Menschen, die dieses Anliegen teilen, eine überwältigende Hilfs- und Spendenbereitschaft vorhanden, die dieses konkrete Engagement ermöglichen.

Trotz allem bleibt Kritik nicht aus ...

Wie bereits erwähnt, sehen sich Hilfszentren in den USA wie auch Beratungsstellen im deutschsprachigen Raum jeweils harscher Kritik bis hin zu tätlichen Angriffen ausgesetzt. Sie richten sich gegen Stellen, die Schwangeren *im* Konflikt dienen wollen, also im besten Fall der Frau eine Entscheidung für das Kind zu ermöglichen. Die Vorwürfe beziehen sich vorwiegend auf die Methoden der Beratung und angebliche Intransparenz. So lautet ein gängiger Vorwurf, Frauen würden dazu manipuliert, das Kind auszutragen. Während der Anspruch an Transparenz und Seriosität natürlich völlig berechtigt ist, klingt es geradezu so, als wäre es etwas Schlechtes, wenn sich Frauen gegen einen Schwangerschaftsabbruch entscheiden. Ja, das Austragen einer Schwangerschaft geht immer mit gewissen Belastungen einher – aber das ist ja genau der Punkt, um den es gerade geht: Diese Frauen werden nicht, wie so oft behauptet, dazu »überredet«, das Kind auszutragen. Sie werden tatkräftig und genau an den Stellen unterstützt, die eine Entscheidung für das Kind schwierig erscheinen lassen – und zwar auch über die Geburt hinaus, was ihnen eine wirklich freie Entscheidung überhaupt erst ermöglicht. Denn wer sich von äußeren Umständen zum Abbruch einer Schwangerschaft gezwungen sieht, hat diese Entscheidung mitnichten frei getroffen.

Die Anzahl der *Pro-life Pregnancy Centers* in den USA ist viel zu groß, um alle über einen Kamm scheren zu können. Es ist natürlich denkbar, dass sich unter diesen Zentren einige finden, die den Qualitätsansprüchen nicht genügen, die man an eine solche Einrichtung stellen würde. In solchen Fällen ist es unbedingt notwendig, dass Maßnahmen ergriffen werden, um entsprechende Standards herzustellen. Im deutschsprachigen Bereich sind medizinische Dienstleistungen, wie sie in den Beratungszentren der USA angeboten werden (z. B. Ultraschalluntersuchungen), nicht etabliert. Die Angebote von Lebensschutzorganisationen hierzulande sind hauptsächlich auf telefonische Beratung und Onlineberatung ausgerichtet. Allein aufgrund dieser Tatsache unterscheiden sie sich deutlich von staatlichen Beratungsstellen. Dennoch sind auch sie Drohungen, Verunglimpfungen und Vandalismus ausgesetzt[29], die letztlich die Frage aufwerfen, ob es den Anklägern wirklich um das Wohl der Frauen oder um die eigene Ideologie geht.

Obwohl die betreffenden Beratungsangebote unabhängig agieren, orientieren sie sich an der gesetzlichen Vorgabe, dass die Beratung dem Schutz des ungeborenen Lebens dient.[30] Der Vorwurf lautet diesbezüglich, dass sie nicht ergebnisoffen erfolge, wie es ebenfalls gesetzlich vorgesehen ist. Da diese beiden Vorgaben im gleichen Atemzug genannt werden, geht der Gesetzgeber wohl davon aus, dass sie im Einklang miteinander zu verwirklichen sind. Gleichwohl stellen auch staatlich anerkannte Beratungsstellen fest, dass hier ein Spannungsfeld besteht, das die Beratenden vor besondere Herausforderungen stellt.[31] Es ist ganz logisch, dass jede Stelle diesen Herausforderungen entsprechend ihrer jeweiligen Werte und Grundhaltungen begegnet. Umso mehr darf dies für Stellen gelten, die sich bewusst außerhalb des staatlichen Beratungssystems bewegen. Es ist natürlich legitim, Transparenz und Qualitätssicherung von allen Akteuren einzufordern – im Zweifel kann sich jeder selbst ein Bild davon machen, wie die jeweiligen Stellen arbeiten. Am Ende entscheiden, wie so oft bei dieser Thematik, die eigenen Grundannahmen und Maßstäbe darüber, wie man Beratungsstellen oder Hilfsangebote einordnet und bewertet. In Bezug auf die Kritik an Pro-Life-Beratungsstellen frage ich mich, wie es miteinander einhergeht, Frauen eine verantwortliche Entscheidung in Bezug auf einen Schwangerschaftsabbruch zuzutrauen, ihnen aber in derselben Situation nicht zuzumuten, ein freiwilliges Beratungsangebot anzunehmen oder abzulehnen.

Manchmal gibt es mehr als einen richtigen Weg

In der Debatte um Hilfe und Beratung für Schwangere im Konflikt werden von allen Seiten oft zwei wichtige Tatsachen verkannt:

- Die meisten Menschen handeln aus guten Motiven heraus.
- In vielen Fällen gibt es mehr als einen richtigen Weg.

Wer versucht, die Prämissen derer nachzuvollziehen, die er kritisiert, wird oftmals von selbst darauf kommen, warum sie so handeln, wie sie es tun. Es ist doch davon auszugehen, dass sich Pro Familia um das Wohl der Frauen sorgt und nicht per se möglichst viele von ihnen zur Abtreibung bewegen will. Genauso wenig wollen Pro-Life-Beratungsangebote nicht einfach die Schwangere davon überzeugen, das Leben zu wählen, um sie dann damit völlig allein zu lassen. Wir sollten vielmehr das gemeinsame Anliegen hinter allen Bemühungen sehen – das Wohlergehen der Schwangeren – und anerkennen, dass man infolge unterschiedlicher Grundannahmen zu unterschiedlichen Schlüssen kommen kann.

Dasselbe gilt für die Frage, welche politischen Maßnahmen es braucht, um Familien besser zu unterstützen. Auch hierbei werden immer wieder Stimmen laut, die behaupten, man könne unmöglich für das Leben sein, wenn man bestimmte politische Maßnahmen oder Denkweisen unterstützt bzw. ablehnt. Es gibt Grundhaltungen, die mit dem Lebensschutz unvereinbar sind wie die Billigung von Gewalt oder Diskriminierung. Aber es gibt durchaus Bereiche, in denen man mit unterschiedlichen Mitteln zu denselben Ergebnissen kommen kann. Wer seinem Gegenüber zuhört und versucht, deren Standpunkt nachzuvollziehen, wird mit Sicherheit davon profitieren. Dennoch ist die Debatte wichtig und darf geführt werden – auf die Sache bezogen und in wertschätzendem Umgang miteinander. Dann kann man auch unterschiedliche Sichtweisen nebeneinander stehen lassen und man muss auch nicht für alle Probleme eine Lösung parat haben.

Fazit: Das aktive Engagement für Mütter und ihre Kinder über den Schwangerschaftskonflikt hinaus ist ein fester Bestandteil des Lebensschutzes. Die Liste der Maßnahmen und Angebote, die auf die Initiative von Menschen zurückgeht, die Abtreibung nicht als gleichwertige Lösung zum Austragen eines Kindes erachten, ist lang. Dass sich der Zugang zu Ressourcen für Schwangere oftmals schwierig gestaltet, sollte nicht die Notwendigkeit für Schwangerschaftsabbrüche begründen, sondern Ansporn sein, diese Tatsache zu ändern.

KURZ UND KNAPP

»Wie kommst du darauf, dass mir/uns die Frauen egal seien? Hast du einen konkreten Anlass dafür?«
»Ich weiß nicht, ob du dich schon einmal damit beschäftigt hast, was die Lebensschutzbewegung für Schwangere und ihre Kinder bis über die Geburt hinaus tut. Du wirst feststellen, dass hier sehr viel konkrete Hilfe geleistet wird.«

- Was braucht es deiner Meinung nach, um Frauen im Konflikt besser zu unterstützen?
- Welche politischen und gesellschaftlichen Veränderungen würdest du dir diesbezüglich wünschen?

8. »No uterus, no opinion«

Ad-hominem-Argumente: Warum jeder seine Meinung zu Abtreibung äußern darf und das auch sollte

Im Juni 2023 machte eine Umfrage der Mannheimer Forschungsgruppe »Wahlen« Schlagzeilen, bei der die deutsche Bevölkerung dazu befragt wurde, ob Abtreibung in Deutschland weiterhin im Strafgesetzbuch verankert sein sollte.[32] Die Ergebnisse unterschieden sich, je nachdem, welche Bevölkerungsgruppe man betrachtete: Jüngere Menschen und Frauen sprachen sich vergleichsweise häufiger für die Streichung des § 218 aus dem Strafgesetzbuch aus als Ältere und Männer. Die Kommentarspalten in den sozialen Medien waren gefüllt mit Äußerungen voller Empörung über die Tatsache, dass diese Personengruppen überhaupt befragt wurden. Ich halte dieses Phänomen, das sich bei vielen kontroversen Debatten beobachten lässt, für besorgniserregend: die verächtliche Herabsetzung der Meinungen von Personen mit »falschen« demografischen Merkmalen.

Was ist ein Argumentum ad hominem?
In einer »Beweisrede gegen den Menschen« erfolgt eine Entwertung von Argumenten aufgrund persönlicher Merkmale des Sprechers. Es werden Scheinargumente vorgebracht, die sich nicht auf die Sache beziehen, sondern gegen die Person richten. Sie implizieren, dass ein Argument oder eine Aussage deshalb kein Gewicht oder keine Gültigkeit haben kann, weil der Sprecher einer bestimmten Menschengruppe angehört. Sie können sich auf alle möglichen persönlichen Umstände und Eigenschaften des Sprechers beziehen: Geschlecht, Aussehen, Sexualität, Musikgeschmack, Religion, politische Richtung, Handlungen in der Vergangenheit usw. Die Annahme, dass die Aussage daher ungültig sei, hängt oftmals mit Stereotypen zusammen. Das Argumentum ad hominem ist kein zulässiges Argument, weil es nicht auf den Inhalt der Aussage, sondern auf den Sprecher Bezug nimmt.

Wo über Abtreibung diskutiert wird, sind Ad-hominem-Argumente nicht weit. Das bekannteste ist wohl der Slogan »No uterus, no opinion«, zu Deutsch »Keine Gebärmutter, keine Meinung«. Doch auch Glaube, Privilegien, politische Ausrichtung oder Berufsstand können dazu führen, dass einem das Mitspracherecht abgesprochen wird. Es sollte uns bewusst sein, dass dem – wie so oft – unterschiedliche Annahmen oder Implikationen zugrunde liegen können:

- die Annahme, dass Abtreibung eine persönliche Entscheidung ist, die weder ethischer Bewertung noch gesetzlicher Regelung bedarf;
- die Annahme, dass sich gesetzliche Regelungen allein daran orientieren sollten, was junge Frauen denken;
- die Annahme, dass der Körper ein rechtsfreier Raum ist, auf den von außen kein Einfluss genommen werden darf;
- die Annahme, dass die Schwangere die einzig betroffene bzw. einzig relevante Person im Schwangerschaftskonflikt ist und im konkreten Fall niemand anders seine Meinung dazu äußern sollte;
- die Annahme, dass ein oder das zentrale Interesse darin besteht, den Körper der Frau zu regulieren (anstatt darin, das Ungeborene zu schützen);
- der (implizite) Wunsch danach, die eigene Position oder Entscheidung nicht weiter rechtfertigen zu müssen oder eine Debatte gar nicht erst zustande kommen zu lassen.

Die Liste ist mit Sicherheit noch erweiterbar. Sollte ein Gespräch zustande kommen, wird sich schnell herausstellen, welche Punkte im konkreten Fall zutreffen. Was ist also zu bedenken, wenn jemand das Anrecht auf Mitsprache in der Debatte aufgrund bestimmter persönlicher Eigenschaften infrage stellt?

Das Recht auf freie Meinungsäußerung – Grundlage der Demokratie

Vermutlich sind Slogans wie »No uterus, no opinion« von vielen Menschen gar nicht als Argument gemeint, sondern lediglich ein Ausdruck der freien Meinungsäußerung. Umso wichtiger scheint es mir, dieselbe auch für das Thema Abtreibung einzufordern. Jeder hat grundsätzlich das Recht dazu, zu jedem Thema eine Meinung zu haben und diese angemessen zu äußern. Dabei ist zunächst egal, ob es sich um eine Privatangelegenheit handelt oder nicht. Wenn mir der neue Haarschnitt oder der Musikgeschmack meines Nachbarn Herrn Maier nicht gefällt, dann darf ich das auch als völlig unbeteiligte Person äußern. Es dient vielleicht nicht unbedingt dem nachbarschaftlichen Frieden, aber grundsätzlich kann mir niemand verbieten, meinen Senf dazu abzugeben – egal in welchem Rahmen. Während ich persönlich eher dazu raten würde, Herrn Maiers Frisur unkommentiert zu lassen, sollten gesellschaftlich relevante Themen unbedingt leidenschaftlich diskutiert werden. Unter Umständen kann es sogar geboten sein, sich in vermeintliche »Privatangelegenheiten« einzumischen, beispielsweise wenn Menschen dabei zu Schaden kommen (vgl. Kapitel 1) – was bei Abtreibung der Fall ist. Und schon sind wir wieder beim Kernpunkt der Debatte angelangt: bei der Menschlichkeit der Ungeborenen und der Frage danach, ob es eine Rechtfertigung dafür geben kann, ihnen das Leben zu nehmen.

Es ist erstaunlich und erschreckend, mit welcher Selbstverständlichkeit die Meinungsfreiheit – ein Grundpfeiler der Demokratie – beim Thema Abtreibung infrage gestellt wird. Doch nicht nur dieses Recht ist in diesem Kontext gefährdet. Auch andere Prinzipien der Demokratie scheinen nicht mehr so wichtig zu sein, wenn es um Schwangerschaftsabbrüche geht. Eine weitere gängige Aussage oder Implikation lautet ja, dass niemand, der nicht potenziell von einer Schwangerschaft betroffen sein könnte, ein Mitspracherecht bezüglich gesetzlicher Regelungen haben sollte. Das ist auf dreierlei Weise problematisch: Erstens widerspricht dies prinzipiell dem demokratischen Grundgedanken. Zweitens unterliegt diese Aussage der Annahme, dass sowieso alle jungen Frauen für eine Liberalisierung der Gesetzgebung sind. Dabei zeigt die anfangs zitierte Umfrage, dass es gerade die Hälfte der Frauen unter 35 Jahren ist, die eine Abschaffung des § 218 StGB wünscht. Drittens verkennt dieser Gedanke, dass eine eigene Schwangerschaft nicht die einzige Möglichkeit ist, von einer Abtreibung betroffen zu sein.

Jeder kann von Abtreibung betroffen sein

Die Grundannahme, dass die Schwangere die einzig relevante Person im Schwangerschaftskonflikt ist, schließt aber nicht nur die Ungeborenen aus der Gleichung aus. Jeder Mensch sollte allein deshalb ein Anrecht darauf haben, seine Meinung äußern zu dürfen, weil jeder Mensch von Abtreibung betroffen sein kann – wenn auch nicht jeder auf die gleiche Weise. Ohne Zweifel kommt der Schwangeren eine besondere Aufgabe zu. Sie beherbergt das Ungeborene in ihrem Körper und ist für die Zeit der Schwangerschaft so eng mit ihm verbunden, wie es zwei Menschen sonst nie sein können. Und gleichzeitig sollten wir uns darüber bewusst sein, dass Abtreibung auch an Vätern, Großeltern, Geschwisterkindern nicht unbedingt spurlos vorübergeht. Besonders schwer zu ertragen, aber wichtig zu hören, sind die Schicksale von Menschen, die ihre eigene Abtreibung überlebt haben. Dennoch werden nur selten andere Perspektiven außer die einer Frau im gebärfähigen Alter in Betracht gezogen.

Die versuchte Ausgrenzung bestimmter Personengruppen aus dem Diskurs birgt eine weitere Gefahr, die besonders Müttern zulasten fällt: die Reduktion von Mutterschaft bzw. Elternschaft auf körperliche Belange. Elternschaft ist so viel mehr als körperliche Versorgung. Ohne Zweifel steht die körperliche Dimension von Mutterschaft in der Schwangerschaft an erster Stelle. Doch die Debatte um Schwangerschaftsabbrüche ist keine, für die nur die ersten Monate der Schwangerschaft eine Bedeutung hätten. Sie ist eng verknüpft mit der Frage, wie Elternschaft gelingt und Mütter entlastet werden können. Wenn aber nur diejenige Relevanz im Diskurs hat, die die physischen Auswirkungen von Schwangerschaft trägt, ist es nur logisch, dass bei ihr auch die Hauptlast der Verantwortung bleibt. Ist das die Botschaft, die wir an Väter senden wollen? »Deine Entscheidung, deine Verantwortung«? Eine kinderfreundliche Gesellschaft isoliert Mütter nicht und lässt auch nicht zu, dass sie sich selbst isolieren – gerade in krisenhaften Zeiten. Die Forderung danach, dass sich möglichst alle aus dem Thema Schwangerschaftsabbruch herauszuhalten haben, bewirkt aber genau das.

Zweierlei Maß?

Dem aufmerksamen Beobachter dürfte auffallen, dass sich die Kritik an der politischen, gesellschaftlichen oder auch persönlichen Einmischung bestimmter Personengruppen auf die Haltungen beschränkt, die Abtreibung kritisch gegenüberstehen. Ein Mann, der Schwangerschaftsabbrüche verteidigt, wird sich eher selten für das Äußern seiner Meinung rechtfertigen müssen. Wird hier also tatsächlich mit zweierlei Maß gemessen? Ich vermute, dass eine neutrale bis positive Haltung zu Schwangerschaftsabbrüchen gar nicht als »Einmischung« oder überhaupt als Meinung verstanden wird. Dabei ergibt auch dieser Gedanke nur unter der Voraussetzung Sinn, dass die Frau die einzig relevante Person im Schwangerschaftskonflikt ist. Doch selbst diese Annahme schließt ja nicht aus, dass es sogar wichtig oder sinnvoll sein kann, dass sich »Außenstehende« in die Thematik einbringen. Aus allen Perspektiven betrachtet ist Abtreibung ein Thema, bei dem über wichtige Rechte diskutiert wird. Für die einen geht es primär um Frauenrechte, für die anderen um die Rechte der Ungeborenen – und beide sind es wert, von allen verteidigt zu werden. Es sollte also für alle Menschen, die um Veränderung ringen, von Interesse sein, dass auch Unbeteiligte ihre Stimme erheben. Eine soziale Bewegung ist umso stärker, je mehr Menschen sich dafür einsetzen, auch wenn diese Menschen nicht direkt von den Konsequenzen der Ungleichbehandlung betroffen sind.

Selbstverständlich haben Frauen einen anderen emotionalen Bezug zur Thematik. Vielleicht gelingt es ihnen besser, sich in die Perspektive der Betroffenen hineinzuversetzen, oder sie können auf eigene Erfahrungen zurückgreifen. Dennoch ist ja offenbar auch die Fürsprache derer willkommen, die noch nie schwanger waren oder die nicht (mehr) schwanger werden können, obwohl sie Frauen sind. Die Doppelmoral, die diesbezüglich oftmals an den Tag gelegt wird, legt leider den Verdacht nahe, dass es doch eher um den Ausschluss unliebsamer Meinungen aus dem Diskurs geht. Doch auch wenn die Ära der alten weißen Männer vorbei ist und mit dem Siegeszug des Feminismus ein neues Zeitalter angebrochen ist: Es sind ja längst nicht nur alte Herren, denen es »in Wirklichkeit« um Macht und Kontrolle geht, die sich für das Recht auf Leben aussprechen. Die Pro-Life-Bewegung hat viele junge Frauen an der Spitze, die diesen Parolen nur lächelnd entgegenwinken. Uterus: vorhanden. Meinung: ebenfalls. Die Ferndiagnose lautet dann und wann: internalisierte Misogynie. Man sei dermaßen indoktriniert, dass man den Hass auf das eigene Geschlecht gar nicht bemerke. Aha. Ich kann nur aus meiner Sicht sprechen, aber ich habe einen Verdacht: Wer eine dem Mainstream widersprechende Meinung vertritt, hat diese wahrscheinlich bereits sehr viel stärker hinterfragt und reflektiert als diejenigen, die der herrschenden Meinung folgen.

Ist alles »egal«?

Wenn es um den konkreten Schwangerschaftskonflikt geht, wird Beeinflussung von außen noch sehr viel stärker missbilligt. *»Vergiss deine eigenen Erfahrungen, Ängste und politische Einstellung. Sei ein weißes Blatt«,* rät die Initiative »Abortion Buddy« Menschen, die Schwangeren im Konflikt zur Seite stehen möchten.[33] Die Entscheidung der Schwangeren soll auch den Vätern bzw. gerade ihnen möglichst »egal« sein. Die Idee dahinter: Die Schwangere soll ohne Druck und ohne äußere Einflussnahme die Entscheidung treffen, die für sie am besten passt. Wir sind uns einig, dass der Mann die Schwangere in keinem Fall alleine durch die Zeit des Konflikts gehen lassen soll. Doch heißt »egal« nicht zugleich »gleichgültig«?

Vielleicht hilft manchen Frauen die Neutralität ihres Partners. Doch die pauschale Zurückhaltung birgt auch Gefahren. So kann ein »Egal« des Kindsvaters auch zur Bürde oder gar zum Todesurteil für das Kind werden. Die Villa Vie in Bochum ist ein Ort, an dem Betroffene von Schwangerschaftsabbrüchen einen Platz zum Austausch finden. Auf ihrer Instagram-Seite ist zu lesen: *»Ich stehe hinter dir, egal, wie du dich entscheidest. Es ist egal, wie ich entscheide. Ist es egal? Egal macht einsam. Egal macht Druck. Egal macht müde. Siehst du nicht, dass Egal mir wehtut? Dass Egal ein Würderäuber ist?«*[34]

Nur wer wirklich glaubt, dass es keinerlei Unterschied macht, ob eine Entscheidung für oder gegen das Kind getroffen wird, dem kann diese Entscheidung auch egal sein. Dass es keinen Unterschied für die Schwangere macht. Dass die Entscheidungsmöglichkeiten prinzipiell gleich gut sind. Verständlich, dass derjenige Einmischung kategorisch ablehnt, der sie rein als Bevormundung versteht. Doch Einmischung kann auch Interesse bedeuten. Interesse daran, dass Frauen für sich *und* ihre Kinder die wirklich beste Entscheidung treffen und dass sie darin unterstützt werden, sodass diese Entscheidung ihr Leben zum Positiven verändert.

Fazit: Das Beispiel der Umfrage zur Abschaffung des § 218 StGB macht deutlich, dass Aussagen, die den Sprechenden attackieren, letztlich den demokratischen Diskurs gefährden. Auch auf individueller Ebene ist Zurückhaltung nicht immer zielführend. Dass die Interessen von Frauen alle Menschen etwas angehen, lehrt uns spätestens der Feminismus.

KURZ UND KNAPP

»Beim Thema Schwangerschaftsabbrüche geht es doch um grundlegende Rechte, für alle Seiten. Da kann es doch auch für deine Perspektive nicht von Interesse sein, dass sich ein Teil der Bevölkerung komplett heraushält, oder?«

- Wurdest du schon einmal in Form eines Ad-hominem-Arguments angegriffen?

- Wo verläuft in deinen Augen die Grenze zwischen persönlicher Einmischung und freier Meinungsäußerung?

9. »Man kann Abtreibungen nicht verbieten, nur sichere Abtreibungen«

Wie sicher kann eine Abtreibung sein?

Varianten: »Abtreibungen müssen legal bleiben, sonst werden sie nur gefährlich«, »Verbote machen Abtreibungen nur unsicherer, nicht seltener«.

Der 28. September wird seit einigen Jahren als »Safe Abortion Day«, also »Tag der sicheren Abtreibung«, begangen. An diesem Tag wird daran erinnert, dass jährlich Tausende von Frauen durch unsichere Abtreibungen sterben oder gesundheitliche Schäden davontragen. Gleichzeitig steht der Tag für die Forderung, Abtreibungen als Grundrecht in allen Ländern frei zugänglich zu machen und sie als normalen Teil der Gesundheitsversorgung zu etablieren. Als Symbol dafür wird oftmals ein Kleiderbügel verwendet. Er ist *das* Symbol der Pro-Choice-Bewegung schlechthin und sendet eine eindrucksvolle Botschaft: Ein ansonsten neutraler, langweiliger Gegenstand wird mit Emotionen und Bildern von Blut, Gewalt und Verzweiflung aufgeladen. Er suggeriert: »Wer den Zugang zu Abtreibung verwehrt, ist schuld daran, wenn Frauen verbluten. Denkt mal an die vielen Frauen, die bereits durch unsichere Abtreibungen ihr Leben lassen mussten. Sind die euch egal? (*Subtext: Offensichtlich ja!*) Frauen werden Mittel und Wege finden, ob ihr das wollt oder nicht.« Ein ziemlich machtvolles Bild, oder?

Spätestens seit der Aufhebung des Grundsatzurteils »Roe vs. Wade« im Juni 2022 durch den US-amerikanischen Supreme Court geht der Satz »Man kann nur sichere Abtreibungen verbieten« wieder neu durch die Medien – vor allem die sozialen Medien. Und es ist ein sehr mächtiges Argument, denn es ist eine Realität, dass jährlich Tausende von Frauen durch stümperhafte oder unter unhygienischen Bedingungen durchgeführte Abtreibungen Schaden nehmen: Die Weltgesundheitsorganisation WHO schätzt, dass von den mehr als 70 Millionen Schwangerschaftsabbrüchen, die jedes Jahr weltweit stattfinden, ca. 45 Prozent unter unsicheren Bedingungen durchgeführt werden.[35] Die Herausforderungen einer Schwangerschaft sind gerade in Entwicklungsländern, in denen 97 Prozent der als unsicher geltenden Abtreibungen stattfinden, nochmals drastischer als beispielsweise bei uns in Deutschland. Es sollte außer Frage stehen, dass sich an diesen Umständen etwas ändern muss. Die Meinungen gehen aber auseinander, *was* sich ändern muss und *welche Schlüsse* wir aus diesen Tatsachen für unsere Gesellschaft ziehen. Doch die Aussagen rund um die Legalität und Sicherheit von Abtreibung beinhalten teilweise auch falsche Annahmen oder sie sind nicht auf unsere westliche Gesellschaft anwendbar. Die prominentesten davon möchte ich in diesem Kapitel genauer betrachten.

»Wer Abtreibungsverbote fordert oder befürwortet, dem sind die Frauen egal, die durch illegale Abtreibungen starben oder noch sterben werden.«

Ich hoffe, es versteht sich von selbst, dass die wenigsten Menschen einfach gleichgültig auf die vielen geborenen und ungeborenen Opfer schauen, die Abtreibung bereits gefordert hat. Jede Frau, die durch Abtreibung Schaden nimmt, ist eine zu viel. Im Gegenteil: Wir wollen, dass *niemand überhaupt* durch eine Abtreibung stirbt – weder Mutter noch Kind. Was mich umtreibt, ist die Frage, *warum* Frauen in Ländern mit restriktiver Gesetzgebung meinen, Abtreibung zu brauchen. Hierauf gibt es verschiedene Antworten:

- Die Frau würde das Kind gerne behalten, sieht sich aber aus sozialen oder ökonomischen Gründen nicht in der Lage, ein (weiteres) Kind zu bekommen. Abtreibung ist in diesem Fall deshalb keine gute Lösung, weil sie nicht die eigentlichen Probleme löst, die hinter dem Konflikt stehen, und die Mutter zudem mit einem schmerzhaften Verlust zurücklässt.
- Sie fühlt sich aus kulturellen oder religiösen Gründen zu einer Abtreibung gezwungen, z. B. weil das Kind unehelich gezeugt wurde. Auch in einem solchen Fall löst die Abtreibung das eigentliche Problem nicht. Wenn überhaupt werden dadurch nur dessen mögliche Auswirkungen vermieden – und das trägt vielmehr dazu bei, dass das Problem bzw. Stigma aufrechterhalten wird. Abtreibungen, die unter Druck oder Zwang durchgeführt werden, bergen besonders hohe Risiken für psychische Folgen.
- Ihr wurde der Gedanke vermittelt, dass sie die Möglichkeit zur Abtreibung braucht, entweder weil sie sonst nicht gleichberechtigt, frei oder selbstbestimmt sein kann oder weil es anscheinend keine bessere Lösung für ihr eigentliches Problem gibt. Solche Aussagen und Gedanken gehen in der Regel von Menschen aus, für die Abtreibung eine gleichwertige Option ist, nicht von denen, für die das Leben der Ungeborenen Wert und Würde hat.

Die Frauen und die hinter dem Konflikt stehenden Probleme sind denen *nicht* egal, die Abtreibung nicht aus politischen, sondern aus ethischen Gründen ablehnen. Genau deshalb ist das Ziel, eine Gesellschaft zu bauen, in der Abtreibungen – ob legale oder illegale – nicht mehr nötig sind und in der keine Frau glaubt, eine Abtreibung zu *brauchen*.

»Menschen, die Restriktionen befürworten und »ihre« Gesetze, sind schuld daran, wenn Frauen durch illegale Abtreibungen Schaden nehmen.«

Man sollte sich dessen bewusst sein, dass dieser Aspekt des ganzen Arguments oft implizit im Raum schwebt, ohne direkt thematisiert zu werden. Viele Menschen werden diese These als gegeben hinnehmen, und wer vorschnell auf die später thematisierten Argumente einsteigt, läuft Gefahr, sich diesen Schuh ebenfalls anzuziehen. Daher wollen wir zunächst einen Schritt zurückgehen und klären, wer in der Verantwortung wofür ist: Um überhaupt eine annähernd freie Entscheidung treffen zu können, muss die Frau zunächst einmal über alle Optionen aufgeklärt sein und auch die freie Wahl haben, alternative Wege annehmen zu können. Für all das setzt sich der Lebensschutz ein, während manchmal der Eindruck entsteht, dass für die Pro-Choice-Bewegung mit einem möglichst freien Zugang zu Abtreibungen das Problem gelöst ist. Der Gedanke dahinter lautet: Im Fall der Fälle *brauchst* du freien Zugang zu Abtreibung. Wir brauchen legale Abtreibungen, weil wir Abtreibungen brauchen. Es gibt leider manchmal keine andere Lösung. Pro Life sagt: Es gibt immer eine bessere Lösung – vielleicht ist es nicht die einfachere, aber die bessere Lösung. Wer das glaubt und lebt, wird niemals fördern oder in Kauf nehmen, dass Frauen den

Weg einer unsicheren Abtreibung gehen, ganz im Gegenteil. Vielmehr unterliegen diese Frauen dem Narrativ einer Gesellschaft, die ihr vermittelt, dass es Situationen gibt, in denen Abtreibung die einzige oder eine gleichwertige und genauso gute Lösung ist wie das Austragen der Schwangerschaft – und fühlen sich deshalb dazu gezwungen, den Weg einer unsicheren Abtreibung zu gehen.

Doch wir dürfen auch den Aspekt der Eigenverantwortung nicht vergessen, denn wenige sind *nur* Opfer der Umstände und der Gesellschaft. Hierbei sind natürlich die Frauen ausgenommen, die zur Abtreibung gezwungen oder genötigt werden. Wenn sich also eine Frau dafür entscheidet, eine illegale Abtreibung durchführen zu lassen, dann hat sie das immer noch aus hoffentlich freien Stücken getan. Und wenn sie dann Schaden nimmt, ist dann nicht vielmehr unlautere medizinische Praxis das Problem anstatt restriktiver Gesetzgebung? Über die Anschuldigung hinaus, dass Lebensschützer aufgrund »ihrer« Gesetze für den Tod Tausender von Frauen verantwortlich seien, dürfen wir die eigentlichen Probleme und Übeltäter nicht aus den Augen verlieren – wie die Menschen, die aus den Notsituationen von Schwangeren Profit schlagen.

»Es gibt nicht weniger Abtreibungen, wenn diese verboten werden. Frauen treiben dann illegal ab oder gehen ins Ausland.«

Diese Aussage ist eine, die klassischerweise ohne eingehende Überprüfung in den Raum gestellt wird, vielleicht, weil sie sich, zumindest für manche Ohren, irgendwie logisch anhört und man sie ja schon so oft gehört hat. Wird schon was dran sein! Fragt man dann nach, ob der Diskussionspartner seine Aussage auch mit Zahlen oder Studien belegen kann, wird man manchmal darauf verwiesen, dass es besonders viele Abtreibungen in Ländern gibt, in denen sehr restriktive Abtreibungsgesetze herrschen. Moment mal – hieße das dann im Umkehrschluss etwa, dass man Abtreibungen einfach nur zu legalisieren braucht, um deren Anzahl zu reduzieren? Spätestens bei diesem Gedankenexperiment wird klar, dass hierbei ein logischer Fehlschluss vorliegen muss. Es kann ja nicht der Reiz des Verbotenen sein, der Frauen dazu bewegt, eine Abtreibung durchführen zu lassen.

Nein, was uns hier begegnet, ist eine sogenannte *Scheinkausalität*. Es liegt also kein *direkter* Zusammenhang vor, sondern ein *korrelativer*. Das bedeutet: Der Zusammenhang zwischen Anzahl der Abtreibungen und gesetzlicher Regelung wird durch Faktoren wie die Verfügbarkeit von Verhütungsmitteln oder die Bildungsrate von Frauen und Mädchen vermittelt. Sehen wir uns einmal an, wie sich die Zahlen nach der Veränderung von Gesetzen und unter Beachtung solcher vermittelnden Faktoren entwickelt haben, scheint es nämlich eher, als sei das Gegenteil der Fall. So zeigt beispielsweise eine Studie aus dem Jahr 2004[36], die in Osteuropa durchgeführt wurde, dass es unter weniger restriktiven Gesetzen im selben Land nicht nur zu weniger Geburten und mehr Abtreibungen, sondern insgesamt zu mehr Schwangerschaften kam. Umgekehrt bestätigen neueste Daten aus den USA, dass es in Staaten mit neuerdings restriktiven Gesetzen nicht nur weniger Abtreibungen gab als erwartet, sondern auch mehr Geburten.[37] Zahlreiche weitere Studien belegen, dass Restriktionen in der Gesetzgebung – seien es Wartezeiten, Fristen oder eine Beratungspflicht – auf zweifache Weise wirksam sind: Sie führen zu einer Verminderung der Anzahl an Abtreibungen und dazu, dass überhaupt weniger Frauen schwanger werden, z. B. weil häufiger Verhütungsmittel verwendet werden.[38] Wer sich mit der Datenlage auseinandersetzt, kommt zu dem Ergebnis, dass die Abwanderung ins Ausland oder die mangelnde Erhebung illegaler Abtreibungen allein nicht zu einer Reduktion der Zahlen führen kann.

Abtreibungsgesetze in den USA

Die Entscheidung des Obersten Gerichtshofs der USA vom Juni 2022, der bundesweit freie Zugang zu Abtreibungen sei kein verfassungsmäßiges Recht, löste weltweit eine Welle der Empörung aus, aber auch des Zuspruchs. Kurz nach Erlass dieses Urteils traten in einigen US-Staaten sogenannte »Trigger Laws« in Kraft, die Abtreibungen von einem auf den anderen Tag fast vollständig verboten. Ungeachtet ihres Standpunktes waren viele Menschen darauf gespannt, wie sich die Abtreibungs- und Geburtenzahlen infolge dieser Gesetzesänderungen entwickeln würden. Im November 2023 wurden erste weitreichende Analysen veröffentlicht. Das interessante Ergebnis: Seit der Entscheidung des Supreme Courts wurden 32 000 mehr Geburten verzeichnet als erwartet.

Abgesehen davon stellt sich aber doch die Frage, ob überhaupt Interesse daran besteht, die Zahl der Abtreibungen zu reduzieren. Sieht mein Gegenüber in Abtreibungen gar keine ethische Problematik, warum sollte ihm dann etwas daran liegen, dass es weniger Abtreibungen gibt? Wo früher der Grundsatz herrschte *»Make abortions rare, safe and legal«*[39], gilt heute das Motto *»Abortion on demand and without apology«*[40]. Also: Abtreibungen für alle, egal aus welchem Grund – und manche würden noch ergänzen: zu jeder Zeit, also bis zur Geburt. Bevor man auf diesen Aspekt des Arguments eingeht, kann man also getrost nachfragen, ob dem Gegenüber denn eigentlich etwas daran liegt, dass es weniger Abtreibungen gibt. Und wenn ja, warum. Vielleicht sind diese Fragen zielführender, als mit Studien und Statistiken um sich zu werfen.

»Restriktive Gesetze führen zu mehr Toden durch unsichere Abtreibungen.«

Auch diese Aussage wird oft unhinterfragt in den Raum gestellt. Doch auch hier wird eine *Kausalität* suggeriert, wo in Wahrheit eine *Korrelation* vorliegt. Wenn dem nicht so wäre, dann sollte sich zeigen lassen: Eine Lockerung von Abtreibungsregelungen müsste die Müttersterblichkeitsrate – in der auch immer Tode im Zusammenhang mit Abtreibungen erfasst sind – senken, eine Restriktion der Regelungen müsste die Rate erhöhen. Wir beobachten sogar teilweise Gegenläufiges: In den USA, in denen die letzten knapp 50 Jahre eine der lockersten Gesetzgebungen weltweit galt, ist die Müttersterblichkeitsrate mit 19 pro 100 000 Geburten katastrophal hoch (Platz 56 im weltweiten Vergleich). Auch in Kanada, wo Abtreibung bis zur Geburt völlig legal ist, liegt die Müttersterblichkeitsrate für ein hoch entwickeltes Land mit 10 pro 100 000 Geburten immer noch extrem weit oben. Blicken wir jedoch auf Länder wie Polen oder Malta, in denen Abtreibung nahezu komplett verboten ist, herrschen andere Zustände: Polen liegt zusammen mit drei anderen Ländern mit 2 pro 100 000 Geburten auf dem weltweit ersten Platz, auch Malta liegt mit 6 pro 100 000 Geburten noch vor Deutschland oder Großbritannien. Von einem kausalen Zusammenhang kann also nicht die Rede sein. Der Zusammenhang zwischen Sicherheit und Legalität von Abtreibungen erklärt sich unter anderem durch Faktoren wie allgemeine Gesundheitsversorgung, Hygienebedingungen oder die Möglichkeit, aus verzweifelten Schwangeren Profit zu schlagen. An Zahlen aus den USA lässt sich beispielsweise erkennen, dass bereits lange *vor* der Legalisierung von Abtreibung, nämlich mit dem Beginn des flächendeckenden Einsatzes von Penicillin, die Sterblichkeitsrate bei Abtreibungen sprunghaft sank. Auch der Abtreibungsarzt Bernard

Nathanson, der sich später gegen Abtreibung engagierte und mit seinem Film »Der stumme Schrei« auch bei uns bekannt wurde, lieferte spannende Erkenntnisse: Er gab zu, dass er und seine weitgehend männlichen Mitstreiter im Kampf um die Legalisierung von Abtreibung die Zahl der Tode durch Abtreibungen bewusst verfälschten, um ihre Sache voranzutreiben.[41]

»Es wird immer Abtreibungen geben. Wer abtreiben will, wird abtreiben. Ob Ausland oder Engelmacherin: Frauen finden einen Weg.«

Die Zahlen aus den USA zeigen nicht nur, dass Abtreibungsverbote wirksam sind. Sie zeigen auch, dass ein Teil der Frauen trotzdem Abtreibungen durchführen ließ. Insgesamt stieg die Anzahl der Schwangerschaftsabbrüche in den USA seit dem Urteil des Supreme Courts sogar leicht an, wenn auch nicht so stark, wie es ohne das Urteil zu erwarten gewesen wäre. Das verwundert nicht, zumal sich die Mentalität einer Nation ja nicht von einem auf das andere Jahr verändert. Die meisten Schwangeren wichen in andere Bundesstaaten aus oder ließen sich die Medikamente postalisch zustellen. Es wäre auch naiv zu glauben, dass das nicht passieren würde. Die Frage ist, welche Schlüsse man daraus zieht.

Lassen wir einmal die Frauen außen vor, die unter restriktiven Gesetzen vielleicht sogar froh wären, diese Entscheidung nicht treffen zu müssen, oder die – immer noch verunsichert, aber dankbar – das Angebot von Hilfen und Alternativen annehmen würden. Schauen wir einmal nur auf die Frauen, für die es keine Option ist, die Schwangerschaft fortzuführen, weil sie einfach nicht schwanger sein *wollen*. Was ist also mit ihnen? Sind wir als Gesellschaft verpflichtet, diesen Frauen die Möglichkeit zur Abtreibung zur Verfügung zu stellen? Wenn wir davon ausgehen, dass das Ungeborene ein Mensch mit Menschenrechten und Menschenwürde ist – und wir können unser Gegenüber durchaus dazu einladen, dieses Gedankenexperiment einmal zu wagen –, dann ist keiner der bisher genannten Einwände ein guter Grund, um das Kind seiner Rechte zu beschneiden.

Ziehen wir zum Vergleich ein einfaches Beispiel hinzu: Wer einen Raubüberfall begehen will, wird einen Weg finden. Sollen wir Raubüberfälle deshalb gleich legalisieren? Der Verbrecher könnte sich bei der Durchführung seiner Tat ebenfalls in Gefahr begeben. Zur Not besorgt er sich eben eine Waffe auf dem Schwarzmarkt. Und vielleicht gerät er da an ganz zwielichtige Gestalten, die ihn dann betrügen oder sogar umbringen.

Vielen Menschen sind solche Vergleiche ein Gräuel. Wie kann man bloß einen Schwangerschaftsabbruch mit einem solchen Verbrechen vergleichen? Die Empörung ist groß. Doch für den, der wahrhaft keinen Unterschied zwischen den Menschen macht, liegt es auf der Hand: Man kann Unrecht nicht dadurch rechtfertigen, dass es sowieso getan wird. Und schon ist das Gespräch wieder bei der Kernfrage der Thematik angelangt: »Sind die Ungeborenen Träger von Menschenwürde?«

Wie sicher kann eine Abtreibung sein?

Es versteht sich von selbst, dass Fürsprecher der sicheren Abtreibungen »sicher für die Frau« meinen. Während wirklich niemand Freude am sinnlosen Tod von Schwangeren hat, muss es gestattet sein, darauf hinzuweisen, dass bei einer erfolgreichen Abtreibung immer mindestens ein Mensch stirbt. Insofern ist aus Sicht der Ungeborenen eine Abtreibung niemals sicher. Ein abgebrühter und realistischer Gesprächspartner wird an dieser Stelle etwa antworten: »Na, das ist ja auch das Ziel einer Abtreibung.« Doch mit weniger pragmatischen Menschen kehrt die Diskussion an dieser Stelle wahrscheinlich zurück zum Aspekt des Menschseins oder der Menschenwürde.

Man könnte an dieser Stelle ebenso darauf eingehen, dass auch legale Abtreibungen durchaus gesundheitliche Risiken bergen. In den USA starben in den Jahren 1972 bis 2020, in denen Abtreibung in allen Bundesstaaten legal war, weit über 500 Frauen an den Folgen einer Abtreibung – und das sind nur die sicher erfassten Fälle. In seltenen Fällen können Komplikationen wie Blutungen, Schmerzen, Uterusperforationen (Verletzungen der Gebärmutter) oder Infektionen auftreten. Ich persönlich bin aber kein Fan davon, die Risiken von Abtreibungen als schlagkräftiges Argument auf den Tisch zu bringen, denn realistisch betrachtet sind die rein körperlichen Risiken, abgesehen davon, wie die Frau die Blutungen und Nachwirkungen selbst empfindet, nicht größer als bei anderen medizinischen Eingriffen.

Was mich viel mehr umtreibt und stutzig macht, ist die Entwicklung, dass mit Hochdruck daran gearbeitet wird, die Art von Abtreibungen voranzutreiben, die mir die größeren Risiken zu bergen scheinen: unbeaufsichtigte, zu Hause durchgeführte medikamentöse Abtreibungen. Dort, wo Frauen sowohl mit möglichen medizinischen Komplikationen als auch mit ihren Gefühlen und Ängsten im Zweifelsfall alleine sind. Ohne geschützten Rahmen, sodass theoretisch auch Außenstehende, wie etwa ein gewalttätiger Kindsvater, Einfluss auf das Geschehen nehmen und die Frau unter Druck setzen könnten. Man muss sich doch schon sehr wundern: Früher wurde vor den Gefahren von selbst bzw. zu Hause durchgeführten Abtreibungen gewarnt. Und heutzutage bekommt man die Abtreibungspille sogar unabhängig von jeglichen rechtlichen Regelungen – das heißt illegal – von Untergrund-Organisationen an die Türe geliefert, wenn man es möchte.[42] Auf TikTok geben sich junge Frauen gegenseitig Ratschläge, wie man am effektivsten selbst eine Schwangerschaft abbrechen kann. Und so mancher amerikanische Bundesstaat geht sogar so weit, Abtreibungen in Eigenregie außerhalb des medizinischen Systems explizit zu entkriminalisieren (z. B. California Assembly Bill 2223), was den Argumentationspunkt »Abtreibungen müssen legal sein, damit sie sicher sind« ad absurdum führt. Es ist schwer zu verstehen, wie man mit dem Argument der Sicherheit für legale Abtreibungen plädieren kann und gleichzeitig Organisationen als Helden feiert, die Mittel zur Verfügung stellen, mit denen dann ohne ärztliche Aufsicht und Voruntersuchung Schwangerschaften abgebrochen werden.

Außerdem ist da noch der Aspekt der psychischen Folgen von Abtreibung. Wenn wir von »sicher« sprechen, denken wir unwillkürlich an die Sicherheit für Leib und Leben. Mögliche psychische Folgen einer Abtreibung werden in der Diskussion gerne kleingeredet und die Verantwortung dafür der Frau selbst oder der »bösen« stigmatisierenden Gesellschaft zugeschoben (vgl. Kapitel 11). Wem das Wohlergehen von Frauen *wirklich* am Herzen liegt, der verharmlost mögliche Folgen von Abtreibung nicht, seien sie psychischer oder physischer Natur.

Was wäre, wenn … und was ist tatsächlich?

Die Sicherheit von Abtreibungen wird oftmals als Argument für deren Legalisierung angebracht. In Deutschland ergibt das nicht wirklich viel Sinn, weil bei uns trotz der Tatsache, dass Abtreibungen nicht legal sind, diese für die Frau sicher durchgeführt werden. Dennoch wird in der Diskussion manchmal ein Bild gezeichnet, das der Realität nicht standhält: Das es zu Tausenden von Toden kommen würde, wäre Abtreibung bei uns nicht mehr offiziell verfügbar. Mit Blick auf vergleichbare Länder wie die USA oder Polen, in denen die Gesetzgebung bezüglich Abtreibung in den letzten Jahren restriktiver wurde, sind die prophezeiten »Kleiderbügel-Fälle« bisher nicht festzustellen oder zumindest wird nicht über sie berichtet. Sämtliche Fälle tragischer Tode, die mir bekannt sind und die dahin gehend interpretiert werden, dass sie mit den restriktiven Gesetzen in Zusammenhang stehen, wären eigentlich gesetzlich gedeckt gewesen. Es sind vor allem Fälle, in denen Ärzte Situationen medizinisch oder rechtlich falsch einschätzten. Es ist nicht nur ärgerlich, sondern geradezu pietätlos, wenn die Schicksale dieser Frauen für etwas instrumentalisiert werden, das mit ihrem Tod nicht wirklich viel zu tun hatte.

Fazit: Legalität und Sicherheit von Abtreibung hängen zusammen – aber nicht kausal. Sicher kann eine Abtreibung, wenn überhaupt, nur für die Frau sein. Und nur weil die körperlichen Risiken überschaubar sind, heißt das nicht, dass sie in der Seele nicht tiefe Wunden hinterlassen kann. Es ist eher unwahrscheinlich, dass die Szenarien, die oftmals prophezeit werden, bei uns Realität werden.

KURZ UND KNAPP

»Es ist wirklich schlimm, dass so viele Frauen durch unsichere Abtreibungen verletzt und getötet werden. Mein Wunsch wäre, dass Frauen gar nicht erst eine unsichere Abtreibung in Anspruch nehmen würden. Natürlich müssen dazu die Bedingungen stimmen – aber auch bei einer ›sicheren‹ Abtreibung verliert ein Mensch sein Leben – der ungeborene.«

- Was wäre in deinen Augen das geeignetste Mittel, um die Gefährdung von Frauen durch Abtreibungen zu minimieren?

10. »Ich hoffe, ihr lebt alle vegan«

Whataboutism oder berechtigte Kritik?

Unter jungen Erwachsenen kam es in den letzten Jahren zu einem regelrechten Vegan-Hype, sodass man heute in jedem Supermarkt vegane Alternativen zu konventionellen Lebensmitteln aus tierischen Produkten findet. Auch ich begann während meines Studiums meinen Fleischkonsum zu reduzieren und mich für das Thema Veganismus zu interessieren. Dabei erstaunte mich die Nähe zu den Argumenten für den Schutz des ungeborenen Lebens und ich kam nicht umhin mich zu fragen, ob ein überzeugter Veganer daher nicht auch gegen Abtreibung sein müsste. Beide Bewegungen wollen ja die Stimme derer sein, die selbst nicht ihre Stimme erheben können. Beide Diskussionen drehen sich um die Frage, ob es eine Rechtfertigung für das Töten geben kann und ob die Opfer der Gewalt überhaupt Träger von Würde und Rechten sind. Und beide Gruppen sind sich einig, dass mangelndes Bewusstsein oder Schmerzempfinden das Töten nicht rechtfertigen. Wie kommt es also, dass nicht alle Veganer gegen Abtreibung und nicht alle Abtreibungskritiker auch vegan sind?

Während es durchaus eine Schnittmenge von Menschen gibt, die sowohl für Veganismus als auch für den Schutz von Menschenbabys einstehen, ist es ebenso möglich, eine Haltung zu vertreten, die nur eine von beiden Positionen beinhaltet. Die entscheidende

Frage lautet: Wo ziehen wir die Grenze zwischen schützenswertem und nicht schützenswertem Leben? Die einen würden sagen: zwischen den Spezies; die anderen würden sagen: innerhalb der Spezies zwischen verschiedenen Stufen der Entwicklung. Unterscheiden wir also grundsätzlich zwischen Mensch und Tier oder sind sie gleichwertig, aber in niedrigeren Entwicklungsstufen nur bedingt schützenswert? Anders betrachtet könnte man auch fragen: Ist der entscheidende Punkt das Töten oder geht es in der Abtreibungsdebatte vielmehr um körperliche Autonomie?

Whatboutism auf beiden Seiten

Es ist zu beobachten, dass der Vergleich zwischen Menschenbabys und Tieren von beiden Seiten in Form von Whataboutism angeführt wird. In der Diskussion wird also auf ein anderes Thema verwiesen (»Und was ist mit …«), ohne ein Statement zum eigentlichen Thema abzugeben. Man spricht hierbei von einem Scheinargument, weil es den Kern der Debatte verfehlt oder davon ablenkt. Die einen stellen die Frage, ob man denn auch gegen das Töten von Tieren sei, wenn man sich gegen Abtreibung ausspreche. Die anderen weisen darauf hin, dass Küken seit dem Verbot des »Kükenschredderns« besser geschützt werden als Menschenbabys. Doch wenn übersehen oder ignoriert wird, dass dabei völlig unterschiedliche Grundannahmen herrschen, redet man leicht aneinander vorbei. Die Unterschiede zwischen Mensch und Tier können diskutiert werden – doch sie tun zunächst nichts zur Sache. Denn ob »Kükenschreddern« moralisch verwerflich ist oder nicht, hat mit Menschenbabys nichts zu tun. Umgekehrt kann man auch Abtreibung ethisch einordnen, ohne dabei über die Schutzwürdigkeit von Tieren nachzudenken.

»Whataboutism« beinhaltet immer eine Vorverurteilung: Sie unterstellen der anderen Person eine bestimmte Haltung oder mangelnde Positionierung. Das ist besonders dann problematisch, wenn man die andere Person überhaupt nicht kennt. Woher weiß Jochen aus dem Internet denn, ob ich nicht vielleicht wirklich vegan lebe? Sie übersehen auch, dass unterschiedliche Dinge zur gleichen Zeit wahr sein können. Die Aussage »Ich mag Welpen« sagt ja nichts darüber aus, wie ich über Kätzchen denke. Der Einsatz für Ungeborene bedeutet nicht, dass andere soziale oder ethische Belange deshalb unwichtig sind oder man sich nicht gleichzeitig auch für sie ausspricht – vielleicht tut man es ja in einem anderen Rahmen. Und selbst wenn nicht – was hat das eine mit dem anderen zu tun?

Der Anspruch, der an Menschen gestellt wird, die sich für den Lebensschutz aussprechen, scheint mir exorbitant höher zu sein als der Anspruch an Menschen, die sich in anderen Bereichen engagieren. Letztlich ist es egal, wie ein Mensch lebt: Meinungen und Aussagen sind auf ihren Wahrheitsgehalt und ihre Plausibilität hin zu untersuchen und nicht am Lebensstil des Sprechers zu messen. Das bedeutet: Selbst wenn ich rauchen würde, wäre die Aussage »Rauchen ist ungesund und ist in öffentlichen Räumen zu Recht verboten« wahr. Sie wäre dann aus meinem Mund sehr viel unglaubwürdiger als aus dem Mund eines Nichtrauchers. Doch prinzipiell hat mein Lebensstil mit den benannten Tatsachen nicht viel zu tun.

Ist der Mensch nur ein weiteres Tier?

Da wir ja nicht pauschal böse Absichten unterstellen wollen, widmen wir uns nun ernsthaft der Frage, wie man Fleischkonsum und den Schutz von Menschenbabys argumentativ miteinander vereinbaren kann. Wir gehen von der Grundannahme aus, dass Menschen und Tiere ungleich sind und der Mensch nicht einfach ein weiteres Tier ist. Man könnte nun lange darüber diskutieren, ob diese Unterschiede, die es zweifellos gibt, eine Ungleichbehandlung von Menschen und Tieren rechtfertigen. Wer tiefer in diese Thematik eintauchen möchte, dem sei das Stichwort *Speziesismus*[43] genannt. An dieser Stelle genügt es zunächst festzustellen, dass Menschen das besitzen, was wir Menschenwürde nennen. Woraus man die Menschenwürde ableitet, ist dabei zunächst unerheblich – entscheidender ist die Frage, wem sie gilt. Hier setzt dann die Debatte über das »Personsein« an, die in Kapitel 3 ausführlich erläutert wurde. Ohne Frage besitzen auch Tiere eine Würde. Welche Konsequenzen man aus dieser Beobachtung zieht, ist individuell sehr unterschiedlich. Die Würde des Menschen aufgrund seines Menschseins ist jedenfalls mit dem unveräußerlichen Recht auf Leben verbunden, woraus wir die Problematik von Schwangerschaftsabbrüchen ableiten.

Eine Frage des Bewusstseins?

Der Philosoph Peter Singer, der bereits in Kapitel 6 erwähnt wurde, spricht sich dafür aus, dass das Lebensrecht aller Lebewesen von ihrer Bewusstseins- bzw. Leidensfähigkeit abhängig gemacht wird. Er verfolgt einen utilitaristischen Ansatz, demzufolge moralisch richtig ist, was das meiste Leid verhindert bzw. das größte Wohl für die meisten Menschen hervorbringt. Die Kritik daran, Leid zum Maßstab für Moral zu machen, wurde in Kapitel 6 ausführlich erläutert. Singers Philosophie folgen auch viele Tierschützer und Veganer. In Bezug auf Abtreibung könnte ihre Argumentation lauten: Die Vermeidung des Leids der bewusst erlebenden Schwangeren rechtfertige die Tötung des nicht bewusstseinsfähigen

Embryos. In Bezug auf die Tötung von Tieren gibt es diese direkte Abwägung nicht in gleichem Maße, weil es in diesem Konflikt um allgemeine Interessen und nicht um individuelle geht.

Die Argumentation mit dem Bewusstsein ist allerdings nicht ganz stimmig und es stellt sich die Frage, wie genau hier die Festlegung einer Grenze erfolgt und wie konsequent diese angewandt wird. Schweinen wird beispielsweise ein Ichbewusstsein unterstellt, was Kinder erst im Laufe der ersten Lebensjahre und manche von ihnen nie vollständig entwickeln. Was aber ist mit Fischen oder Muscheln? Es ist zweifelhaft, ob sie so etwas wie ein Bewusstsein haben, dennoch essen Veganer keine Meeresfrüchte. Und würde jemand, der seine Argumentation auf dem Bewusstseins-Argument aufbaut, ähnlich konsequent wie Peter Singer für Abtreibung bis zur Geburt plädieren? Es muss um mehr gehen als nur den Bewusstseinszustand, wenn jemand das Töten von Tieren ablehnt und gleichzeitig Abtreibung für unproblematisch hält.

Geht es ums Töten oder um Autonomie?

Ein weiterer Aspekt wird deutlich, wenn wir umgekehrt fragen, wie man sich gleichzeitig gegen das Töten von Tieren und für Abtreibung aussprechen kann. Hierbei könnte die Antwort lauten: Das Leben eines Tieres hat ja keinen Einfluss auf die körperliche Autonomie eines Menschen. Als Tierrechtsaktivist könnte man also argumentieren, dass es im Kern der Debatte gar nicht um das Lebensrecht, sondern um die Autonomie der Schwangeren geht. Wie in Kapitel 5 dargelegt, muss man die Schutzwürdigkeit der Ungeborenen nämlich gar nicht unbedingt anzweifeln, um Schwangerschaftsabbrüche für vertretbar zu halten. So sind auf unterschiedlicher Grundlage zwei zunächst ähnlich scheinende

Problematiken – nämlich das Töten von Tieren und das Töten von Menschenbabys – relativ problemlos miteinander vereinbar.

Würde Konsistenz in der Haltung etwas ändern?

Ob uns eine Meinung überzeugt oder nicht, hat auch viel damit zu tun, ob wir den Sprecher für glaubwürdig halten oder nicht. Auch wenn es an den Argumenten nichts ändert, schenken wir doch lieber jemandem Gehör, dessen Denkweise in sich stimmig ist und der idealerweise auch nach dem lebt, was er vertritt. Deshalb frage ich mich schon, ob man überzeugender für das Lebensrecht der Ungeborenen eintreten könnte, wenn man auch das Lebensrecht der Tiere stärker respektieren und verteidigen würde. Vielleicht würde es auch lediglich dazu führen, dass dem Gesprächspartner die unterschiedlichen Prämissen selbst einleuchten würden. Ich halte die Argumentationen von Tierschützern jedenfalls für sehr plausibel und möchte jeden dazu anregen, auch die eigene Haltung bezüglich des Konsums von Tierprodukten zu überdenken. Auch wenn ich selbst noch auf dem Weg zu einer rein pflanzlichen Ernährung und Lebensweise bin, halte ich sie dennoch für erstrebenswert. Wer selbst für den Schutz der ungeborenen Menschenbabys ist, kann die Argumentationsweise von Veganern kaum extrem oder unlogisch finden – sie ist ja im Kern dem Pro-Life-Argument sehr ähnlich. Ich weiß nicht, ob es am Ende an der Überzeugungskraft etwas ändert. Doch es geht ja nicht nur um äußere Integrität, sondern vor allem um innere.

Fazit: Obwohl die Argumente für den Schutz von Tieren und von Menschenbabys fast identisch sind, liegen ihnen doch unterschiedliche Prämissen zugrunde. Das Argument der körperlichen Autonomie und die grundsätzliche Unterscheidung zwischen Mensch und Tier machen es möglich, in beiden Thematiken ohne Widerspruch unterschiedliche Standpunkte zu vertreten.

KURZ UND KNAPP

»Tierrechte sind wichtig und es ist völlig berechtigt, dass man sie gesondert diskutiert. Den Zusammenhang zu dieser Debatte sehe ich nur indirekt. Beim Thema Abtreibung geht es nun mal um Menschen und nicht um Tiere.«

- Was macht deiner Meinung nach den wesentlichen Unterschied zwischen Menschen und Tieren aus (vorausgesetzt es gibt einen)?
- Würdest du dich von jemandem eher vom Veganismus überzeugen lassen, wenn er auch für den Schutz der Menschenbabys wäre?

11. »Die meisten Frauen sind nach einer Abtreibung total erleichtert«

Mögliche psychische Folgen von Abtreibung

Eine der häufigsten Fragen von Frauen im Schwangerschaftskonflikt ist die, wie sie eine Abtreibung psychisch verkraften würden. Abgesehen davon, dass im Einzelfall niemand eine sichere Vorhersage darüber treffen kann, haben die unterschiedlichen Positionen starke Ansichten dazu, wie sich Abtreibung grundsätzlich auf die Psyche einer Frau auswirken kann. Bei dieser Fragestellung kommt die dahinterstehende Ideologie so deutlich zum Tragen wie bei kaum einem anderen Aspekt der Thematik. Im Folgenden werden die beiden kontrastierenden Positionen dargestellt und anschließend kritisch beleuchtet. Das Fazit vorweg: Die Realität ist einmal mehr komplexer, als es allen lieb wäre.

Gibt es das Post-Abortion-Syndrom?

In Pro-Life-Kreisen ist klipp und klar: Das Post-Abortion-Syndrom (PAS) existiert. Es handelt sich dabei um eine Art der posttraumatischen Belastungsstörung, die manche Frauen nach einer Abtreibung durchleben. Dieses Störungsbild sei unter anderem gekennzeichnet durch psychosomatische Beschwerden, Depressionen und Ängste, Schuldgefühle oder selbstzerstörerische Tendenzen. Es trete infolge eines Schwangerschaftsabbruchs auf und könne die Betroffene auch Jahre später noch beeinträchtigen.[44] Währenddessen ist sich die Gegenseite – allen voran Pro Familia – sicher, dass das PAS nichts weiter als ein Mythos von Lebensschützern sei, um Abtreibung zu kriminalisieren.[45] Angesichts des ehrlichen und teils verzweifelten Ringens von Frauen um die richtige Entscheidung scheint mir die Debatte um die Existenz oder Nicht-Existenz von PAS nicht zielführend. Welchen Gewinn bringt es festzulegen, ob wir ein Konglomerat an Symptomen als Syndrom definieren oder nicht? Fest steht: Es gibt Frauen, die nach einer Abtreibung leiden. Fest steht auch: Nicht alle tun es. Auch über die Gründe kann man streiten: Ist der Ursprung des Leidens die Abtreibung selbst, wie man meist von Abtreibungskritikern hört? Oder liegt es doch eher am zugrunde liegenden Schwangerschaftskonflikt, an der wahrgenommenen Stigmatisierung und der mangelnden Unterstützung der Betroffenen? Und wenn wir überhaupt eine Antwort darauf finden können – welche Schlüsse ziehen wir daraus?

Können wir die Frage nach psychischen Folgen von Abtreibung überhaupt beantworten?

Bevor ich die Studienlage zu dieser Thematik etwas genauer unter die Lupe nehme, möchte ich auf einige Problematiken in dieser Debatte und der ihr zugrunde liegenden Forschung eingehen. Zunächst muss daran erinnert werden, dass sich keine Fragestellung mit wissenschaftlichen Mitteln jemals abschließend beantworten lassen wird und dass alles, was wir aus der Forschung wissen, letztlich Theorie ist. Wer behauptet, eine Sache bedürfe keiner weiteren Forschung, weil sie schon längst belegt sei, muss sich kritische Nachfragen gefallen lassen. Solange es eine Gegentheorie oder gute Gründe dafür gibt zu glauben, dass der bisherige Forschungsstand die Realität nicht adäquat abbildet, ist nichts falsch daran, weiter Fragen zu stellen.

Weiterhin können wir nicht davon ausgehen, dass Forschung immer komplett frei von ideologischen Einflüssen oder Paradigmen ist. Forschende sind sich dessen im besten Fall bewusst. Dennoch kann nie ausgeschlossen werden, dass Erwartungen, Grundannahmen oder bestimmte Perspektiven Forschungsergebnisse beeinflussen. Bei Betrachtung von Studienergebnissen darf und sollte deshalb ein Blick darauf geworfen werden, wer die entsprechende Studie in Auftrag gegeben oder durchgeführt hat, welche Faktoren und Aspekte des Studiendesigns zu einer Verzerrung der Ergebnisse beitragen könnten und welche Schlüsse aus den Daten gezogen wurden. Diese Fragen zu stellen kann Mühe kosten und es bedarf teilweise auch einer gewissen Vorkenntnis, um manche Dinge überhaupt beurteilen zu können. Später werden wir anhand konkreter Beispiele sehen, dass sich die Mühe dennoch lohnt.

Wenn wir nun von der Forschung allgemein hin zur psychologischen Forschung im Besonderen gehen, gibt es weitere Aspekte, die zu beachten sind. Das Spannende und gleichzeitig Schwierige an psychologischer Forschung ist die Tatsache, dass das Forschungsobjekt eben kein Objekt ist, sondern ein Subjekt: der Mensch, sein Verhalten und Erleben. Die Komplexität menschlichen Seins stellt die Forschenden vor die Herausforderung, subjektives Erleben, Fühlen und Denken sichtbar und annäherungsweise objektivierbar zu machen. Anhand bestimmter bewährter Methoden kann dies zu einem gewissen Grad gelingen. Dennoch ist der Mensch kein physikalisches Objekt, das sich nach den Gesetzen der Natur immer gleich verhält. Die Flugbahn eines Steins, der in die Höhe geworfen wird, kann berechnet werden, weil er sich nach bestimmten Gesetzmäßigkeiten verhält. Man braucht gewisse Informationen, um Berechnungen anzustellen. Doch letztlich würde man für zwei gleiche Steine auf dasselbe Ergebnis kommen. Beim Menschen ist das nicht ohne Weiteres der Fall – allein deshalb, weil es zwei gleiche Menschen nicht gibt. Die Psyche und das Verhalten des Menschen sind so komplex, dass es ungleich schwerer ist, genaue Vorhersagen zu treffen und Ursachenforschung zu betreiben, als in anderen wissenschaftlichen Feldern.

Kausalität vs. Korrelation

Das betrifft besonders Ursache-Wirkung-Zusammenhänge. Es gibt relativ wenige Erkenntnisse in der medizinisch-psychologischen Forschung, bei denen wir mit Sicherheit wissen, dass dabei kausale

Zusammenhänge vorliegen. Einen kausalen Zusammenhang zu belegen ist ein Prozess von vielen Jahren, wenn nicht Jahrzehnten, und dieser muss bestimmten Regeln folgen. Die meisten Erkenntnisse sind korrelativer Art. Das bedeutet, dass ein Zusammenhang gefunden werden kann, doch es ist nicht klar, in welche Richtung der Zusammenhang geht. In meiner Masterarbeit, in der ich das Wohlbefinden von Senioren und deren Umgang mit Stress untersuchte, fand ich beispielsweise Folgendes: Menschen, für die der Glaube bzw. die Spiritualität im Umgang mit Stress eine wichtige Rolle spielte, zeigten niedrigere Werte im Wohlbefinden. Bedeutete dies nun, dass es gläubigen bzw. spirituellen Menschen schlechter geht als nicht gläubigen Menschen oder dass deren Umgang mit Stress (z. B. beten) weniger wirksam ist? Man könnte auch umgekehrt interpretieren, dass Menschen, denen es aktuell besonders schlecht geht, nach Halt im Glauben suchen. Beide Möglichkeiten ließen sich aus den Daten ableiten.

Manchmal kann es auch sein, dass ein gefundener Zusammenhang durch eine dritte Variable vermittelt wird. Ein berühmtes Beispiel, um das zu verdeutlichen, ist der Zusammenhang zwischen Schuhgröße und Nettoeinkommen. Es kann beobachtet werden, dass diese beiden Faktoren positiv korreliert sind, das heißt, Menschen mit größeren Füßen haben auch öfter ein höheres Nettoeinkommen. Dieser Zusammenhang könnte beispielsweise durch die Drittvariable Geschlecht vermittelt werden: Männer haben im Schnitt größere Füße und ein höheres Einkommen als Frauen. Solche Mechanismen müssen in der Interpretation von statistischen Zusammenhängen immer bedacht werden.

Soziale Erwünschtheit

Ein wichtiger Punkt, der bei psychologischen Studien immer bedacht werden muss, ist die menschliche Tendenz, sozial erwünscht zu antworten. Das bedeutet, dass sich Dinge wie soziale Stigmata und Erwartungshaltungen im (Antwort-)Verhalten von Menschen bei Studien niederschlagen können. Beispielsweise werden viele Menschen, wenn sie nach ihrem Alkoholkonsum gefragt werden, eine niedrigere Menge angeben, als in Wirklichkeit der Fall ist. Auch in Untersuchungen, bei denen versichert wird, dass die Daten anonym erhoben und ausgewertet werden, kann man sozial erwünschte Antworten nicht ausschließen. Es gibt Möglichkeiten zu erheben, wie stark eine Person sozial erwünscht antwortet. Dennoch kann das volle Ausmaß sozialer Erwünschtheit nie zu 100 Prozent eingeschätzt und so aus den Berechnungen eliminiert werden. Das muss besonders bei Themen berücksichtigt werden, die schambehaftet sind oder mit sozialem Stigma einhergehen, wie eben beim Thema Abtreibung und generell bei psychischer Gesundheit.

Angewandt auf die Forschung zu psychischen Folgen von Abtreibung, muss man also im Vorfeld verschiedene Faktoren bedenken, die einen Einfluss auf die Ergebnisse haben können: Welche Rolle spielen die durchführenden Institutionen und Forschenden? Kann es bei dieser Thematik überhaupt Menschen geben, die völlig frei von Ideologie oder persönlicher Haltung sind? Welche Mechanismen werden ergriffen, um solchen Einflüssen vorzubeugen? Sind Frauen, die eine Abtreibung hatten oder planen, überhaupt dazu bereit, an Studien teilzunehmen? Wie ehrlich sind die Antworten, die sie geben werden? Wer wird bei wiederholten Befragungen eher dabeibleiben: Frauen, denen es nach einer Abtreibung gut geht, oder Frauen, die psychische Probleme entwickeln? In welche Richtung kann der Zusammenhang zwischen psychischer Verfassung und Schwangerschaftsabbruch verlaufen? Und welche Faktoren könnten Zusammenhänge vermitteln? Das sind nur wenige der Fragen, die man sich stellen sollte, wenn man sich mit Forschung zum Thema Abtreibung und psychische Gesundheit beschäftigt – egal, zu welchem Ergebnis die entsprechende Studie kommt. Gerade wenn die Studienergebnisse das eigene Weltbild bestätigen, sollte man sie nicht einfach hinnehmen, sondern kritisch hinterfragen.

Das alles bedeutet nicht, dass psychologische Forschung nicht möglich oder aussagekräftig wäre. Im Gegenteil – sie ist notwendig, und wenn sie sich an gewisse Regeln hält, können wir sehr viele Erkenntnisse daraus gewinnen. Wir tun aber gut daran, im Hinterkopf zu behalten, dass das, was wir wissen, viel weniger ist als das, was wir nicht wissen. Und dass das Ergebnis einer Studie für den Einzelfall alles und nichts bedeuten kann.

Die aktuelle Studienlage

Kurz gesagt: Die aktuelle Studienlage beinhaltet so viele unterschiedliche Ergebnisse, dass es für jede Position genügend Möglichkeiten gibt, um »Cherry Picking« zu betreiben, also sich genau die Studienergebnisse auszusuchen, die die eigene Haltung unterstützen. So findet man Studien und Übersichtsarbeiten, die mit überwältigender Deutlichkeit die Gefahren von Abtreibung für die psychische Gesundheit aufzeigen. Genauso findet man aber auch Studien, die aufzeigen, dass die meisten Frauen eine Abtreibung gut verkraften. Verschiedene Metaanalysen (Übersichtsarbeiten, die die Ergebnisse anderer Studien nach gewissen Kriterien bündeln und daraus Schlüsse ziehen) aus den letzten Jahren kommen zu dem Ergebnis, dass Abtreibung unter bestimmten Bedingungen keine gravierenden Gefahren für die Psyche einer Frau birgt. Trotz dieser Tatsache wird jedoch meist eine ganz andere Studie hinzugezogen, um aufzuzeigen, dass Abtreibung anscheinend unbedenklich sei, und die zeige, dass Frauen, denen eine Abtreibung verwehrt wurde, viel schlechtere Perspektiven hätten: die Turnaway-Studie, ein großes Forschungsprojekt aus den USA.[46] Kritisch betrachtet sind die Validität (Gültigkeit) der Daten und die Schlüsse, die daraus gezogen werden, durchaus fragwürdig. Zunächst stellt sich jedoch die Frage, welche Gründe es dafür geben könnte, dass als Beleg für einen Standpunkt ein einzelnes (wenn auch groß angelegtes) Forschungsprojekt öfter zitiert wird als Übersichtsarbeiten, die verschiedene Studien nach Qualität beurteilen und zusammenfassen. Ich habe einen Verdacht: Die Ergebnisse der Turnaway-Studie sind sehr viel eindeutiger und weniger komplex als die Ergebnisse der Metaanalysen. Sie eignen sich wunderbar dazu, um eine politische Agenda voranzutreiben, denn sie vermitteln ein relativ dualistisches Bild: Frauen, die eine Abtreibung vornehmen lassen, geht es danach langfristig gut und Frauen, die das Kind zur Welt bringen bzw. bringen müssen, geht es nicht besonders gut. Wie diese Ergebnisse laut Turnaway-Studie genau aussehen und was bei der Interpretation der Ergebnisse berücksichtigt werden sollte, wird im Folgenden aufgezeigt.

Die Turnaway-Studie

Für das Turnaway-Projekt wurden fast 1 000 Frauen aus den USA über einen Zeitraum von fünf Jahren wiederholt befragt. Die Teilnehmerinnen hatten entweder eine Abtreibung oder sie wollten eigentlich eine Schwangerschaft abbrechen, doch sie wurden in der Klinik abgewiesen, weil sie die zeitliche Frist überschritten hatten.[47]

Diese beiden Gruppen wurden hinsichtlich verschiedener Entwicklungsbereiche verglichen, wie der körperlichen und psychischen Gesundheit, ihrer finanziellen Lage oder ihrer Beziehungen. Die Ergebnisse zeichnen ein Bild, das die Ansicht derjenigen untermauert, die Abtreibung für einen unkomplizierten und risikoarmen Eingriff halten: 95 Prozent derer, die eine Abtreibung hatten, bereuten diesen Eingriff nach fünf Jahren nicht. Weiterhin wiesen sie im Vergleich zur Kontrollgruppe (diejenigen, die das Kind austrugen) weniger Probleme im finanziellen Bereich, in Gesundheit und Partnerschaften auf. Wer ein Recht auf Abtreibung durchsetzen will, findet in den Daten der Turnaway-Studie genügend Argumente. Eher selten beleuchtet werden die Aspekte, die die Gültigkeit dieser Ergebnisse infrage stellen: der ideologische Hintergrund der durchführenden Forschenden, methodische Probleme (z. B. die Stichprobe und das Studiendesign betreffend) oder selektiv berichtete Ergebnisse. Beispielsweise wird selten bis gar nie erwähnt, dass 96 Prozent der abgelehnten Frauen nach fünf Jahren angaben, dass sie nicht länger wünschten, damals eine Abtreibung bekommen zu haben – anders gesagt: Fast alle waren am Ende froh darüber, dass es so gekommen ist. Wer sich detaillierter mit der Kritik an der Turnaway-Studie beschäftigen möchte, dem sei empfohlen, sich beispielhaft mit dem Artikel von David C. Reardon aus dem Jahr 2018[48] zu beschäftigen. Doch Vorsicht: Es besteht die Gefahr der Desillusionierung. Wenn man anfängt, das Ausmaß der Verzerrungen und Mangelhaftigkeit der Turnaway-Studie zu begreifen, und sich dann vor Augen führt, dass sie dennoch von Medien und hochrangigen Gesundheitsinstitutionen zum Flaggschiff für den Kampf um Abtreibungsrechte gemacht wird, verliert man leicht das Vertrauen an ebenjene, denen man grundsätzlich Qualität und Kompetenz unterstellt. Ob Weltgesundheitsorganisation (WHO), American Psychological Association (APA), Washington Post oder New York

Times: Sie alle feiern den »Beleg« zum längst gehegten Verdacht, dass Abtreibung für Frauen viel harmloser und langfristig besser sei, als eine ungeplante Schwangerschaft austragen zu müssen. Es ist unbegreiflich, dass so namhafte Stellen derart unkritisch berichten und dann jeden, der Einwände erhebt, mit Hinweis auf angebliche Interessenskonflikte in die Schranken weisen. Allein diese Tatsache macht deutlich, dass man sich bei der Suche nach Antworten auf die Frage, welche Auswirkungen Abtreibung nun wirklich auf die Psyche einer Frau haben kann, nicht mit vorschnellen Antworten zufriedengeben sollte.

Es fehlt nicht an Gegenbeispielen

Wer den Versuch wagt, sich ein eigenes Bild von der Studienlage zu machen, verliert schnell den Überblick. Aus bereits genannten Gründen fällt es mir persönlich schwer, mich auf das zu verlassen, was hochrangige Organisationen behaupten, wenn der Eindruck besteht, dass eine politische oder gesellschaftliche Agenda im Hintergrund steht. Dieselbe Skepsis ist natürlich auch denen gegenüber angebracht, die sich eine Pro-Life-Agenda auf die Fahnen geschrieben haben. Denn diese zitieren verständlicherweise eher die Studien, die aufzeigen, welch fatale Folgen Abtreibung für Frauen haben kann. Und diese Studien, wie auch Übersichtsarbeiten, gibt es ebenfalls zuhauf! Als Gegenbeispiel zur Turnaway-Studie können beispielsweise die sogenannten »Christchurch-Studies« des neuseeländischen Forschers David Fergusson[49] genannt werden. Er beobachtete Frauen sogar über einen Zeitraum von 30 Jahren und fand dabei heraus, dass diejenigen, die eine Abtreibung hatten, im Vergleich zu Frauen ohne vorhergehende Schwangerschaften und Frauen, die eine Schwangerschaft austrugen, ein leicht erhöhtes Risiko für die Entwicklung psychischer Störungen aufwiesen. Besonders interessant ist die Tatsache, dass Fergusson, der sich laut Wikipedia selbst als Pro-Choice-Atheisten bezeichnet, selbst ganz andere Ergebnisse erwartete. In diesem Fall kann also eine Verzerrung aufgrund ideologischer Erwartungen ausgeschlossen werden. Natürlich gibt es auch an dieser Studie Kritik und Vorbehalte, die nicht unerwähnt bleiben sollen.[50] Doch sie zeigt eindrücklich, dass die Studienlage nicht so eindeutig ist, wie gerne behauptet wird – und dass man ganz genau hinschauen sollte, wer hinter welchen Aussagen mit welcher Intention steht.

Was sind die Gründe für psychische Probleme nach Schwangerschaftskonflikten?

Abseits der Schauplätze, an denen Studienergebnisse möglichst plakativ und selektiv ausgewählt werden, um sich am Ende mit gegensätzlichen Schlussfolgerungen gegenüberzustehen, findet man durchaus Gemeinsamkeiten. Wäre es nicht zielführender, sich auf sie zu fokussieren? Wer also in einen echten Diskurs über die potenziellen Risiken von Abtreibung gehen möchte, tut gut daran anzuerkennen, dass es beides gibt: Frauen, die nach einer Abtreibung leiden, und solche, die es nicht tun. Die zentrale Frage lautet an dieser Stelle: Was sind die Gründe dafür, wenn Frauen nach einer Abtreibung psychische Probleme entwickeln? Eine weitere Abhandlung des bereits genannten Forschers David Reardon fasst die wichtigsten anerkannten Risikofaktoren zusammen. Mehrfach als Risikofaktor belegt sind unter anderem vorherige psychische Probleme, Druck durch andere bei der Entscheidung, Mangel an sozialer Unterstützung, Abbrüche von geplanten bzw. bedeutsamen Schwangerschaften oder Ambivalenz bezüglich der Entscheidung zur Abtreibung.[51] Diese Erkenntnisse sollten definitiv in die Beratungspraxis einfließen und auch in der öffentlichen Debatte nicht einfach unter den Tisch gekehrt werden. Mittlerweile wird von vielen die Annahme vertreten, dass nicht die Abtreibung, sondern die ungeplante Schwangerschaft an sich Auslöser psychischer Belastung sei, was sicherlich teilweise wahr ist. Darüber hinaus – und hierbei bin ich skeptischer – seien es primär gesellschaftliche Erwartungen und Stigmatisierung, die Frauen nach Abtreibung ein schlechtes Gewissen machen und somit die Verarbeitung des Erlebten erschweren würden. Skeptisch macht mich zum einen der Befund, dass äußerer Druck, eine Abtreibung durchführen zu lassen, das Risiko für psychische Folgen erhöht. Wie passt diese Erkenntnis mit der Theorie zusammen, dass gesellschaftlich eher der Druck besteht, das Kind auszutragen, und das wiederum psychische Belastung hervorbringt? Zum anderen bestehen gesellschaftliche Erwartungen und Stigmata nicht nur für die Erfahrung einer Abtreibung, sondern auch für das Austragen eines Kindes außerhalb bestimmter Normen. Nach meinem persönlichen Empfinden sind diese Stigmata mittlerweile sogar viel stärker ausgeprägt als das Stigma einer Abtreibung. Die Komplexität der Einflüsse macht deutlich, dass es eine einfache Antwort auf die Frage nach der Ursache von psychischer Belastung nach Abtreibung offensichtlich nicht geben kann.

Welche Schlüsse werden aus den Erkenntnissen gezogen?

Das Tragische daran, dass die Forschung in diesem Bereich so eng mit politischen Agenden verbandelt ist, ist die Tatsache, dass die am Ende Leidtragenden die Frauen im Schwangerschaftskonflikt sind. Aktuell wird sehr viel darangesetzt, mithilfe von Normalisierungs- und Entkriminalisierungsbestrebungen Abtreibung zu entstigmatisieren. Damit soll der Erkenntnis Rechnung getragen werden, dass äußerer Druck und externe Einflüsse zur Entstehung psychischer Belastung nach Abtreibung beitragen. Es ist nachvollziehbar, welcher Gedankengang dahintersteht: Wer nichts Falsches tut, hat keinen Grund zu leiden. Ich bin mir auch sicher, dass diese Taktik funktioniert. Wie man sieht, erfordert sie allerdings höchst problematische Mittel, nämlich die Bestrebung, die ethische Debatte um Abtreibung zu beschneiden – was eine große Gefahr für die Meinungsfreiheit ist –, und die Beschönigung oder Leugnung grundlegender Fakten wie der Tatsache, was bei einer Abtreibung genau passiert. Ist das noch Feminismus oder grenzt das bereits an Manipulation?

Wer manipuliert hier wen?

Wenn es um die Debatte um psychische Folgen von Abtreibung geht, ist der Vorwurf der Manipulation, wie man sieht, auf allen Seiten nicht weit. Verzerrte Studien, verdrehte Fakten – jeder wirft dem anderen vor, das Leiden von Frauen durch unethisches Handeln unnötig zu verstärken. Die Kritik an Lebensschützern bezieht sich in erster Linie darauf, dass man Frauen durch übermäßige Vermenschlichung der Ungeborenen, moralische Bewertung von und Ängstigung vor Schwangerschaftsabbrüchen ein schlechtes Gewissen mache. Beispielsweise wurde im September 2023 eine neue Regelung in Ungarn stark kritisiert, nach der Frauen vor Durchführung einer Abtreibung das Vorliegen der Lebensfunktionen des Embryos in Form ihrer Herztöne zur Kenntnis nehmen müssen.[52] Dies sei zum einen eine weitere Hürde und zum anderen manipulativ, zumal es sich bei den Herztönen ja gar nicht wirklich um einen »echten« Herzschlag handeln würde, sondern lediglich um die technische Abbildung elektrischer Impulse. Ebenso sei jede bildhafte Darstellung von Embryonen, ob im Mutterleib oder deren Überreste nach einer Abtreibung, manipulativ, weil sie suggerieren würden, dass da ein lebendiger Mensch ist oder war, wo noch keiner sei. Während ich dem zustimme, dass die Verwendung bildhaften Materials je nach Kontext unangebracht sein kann, halte ich sachliche und biologisch korrekte Aufklärung über das, was ein Embryo ist, für absolut notwendig und ethisch geboten: ein lebendiger Mensch, der bei einer Abtreibung stirbt. Natürlich ist es leichter, eine Abtreibung zu verarbeiten, wenn diese Information beschönigt wird. Nun gibt es Menschen, die behaupten, dass das ja wohl jedem klar sei und dass es aufseiten derer, die Abtreibung verteidigen, ja nur mit rechten Dingen zugehe. Dem möchte ich zwei Gegenbeispiele entgegensetzen, die leider nur die Spitze des Eisbergs darstellen: die schier unglaubliche Aussage einer Gynäkologin, die selbst Abtreibungen durchführt, dass für sie das Leben eines Kindes erst dann beginne, *»wenn es den Leib der Mutter verlässt«*[53], und die Darstellungen embryonalen Gewebes durch die Zeitschrift »The Guardian« vom Oktober 2022.[54] Letztere zeigen blütenweißes, diffuses Gewebe, das eher einer Qualle oder Wattebauschen ähnelt als einer menschenähnlichen Gestalt. Trotz eines riesigen Aufschreis von Menschen aller Lager in den sozialen Medien und zahlreicher Richtigstellungen durch Fachpersonen wurden die Bilder weiterverbreitet und gefeiert, da sie ja endlich die Realität dessen zeigten, was mit dem Begriff »Schwangerschaftsgewebe« schon immer gemeint war. Ähnlich wie mit der Turnaway-Studie wird jede noch so berechtigte Kritik von der Öffentlichkeit ignoriert, solange sie dazu dient, die Ungeborenen zu entmenschlichen und Abtreibung damit zu rechtfertigen.

Letztlich ist ein Muster erkennbar, das wieder auf die Kernfrage der Abtreibungsdebatte zurückführt: Die einen versuchen die Menschlichkeit der Ungeborenen mit allen Mitteln deutlich zu machen und die anderen versuchen sie zu verbergen. Die Antwort auf diese Frage hat mit Sicherheit Auswirkungen auf die Betroffenen und ihre Psyche. Deshalb ist es nicht egal, wie wir mit dieser Thematik umgehen. Doch wenn es bereits als zu manipulativ gilt zu sagen, dass ein Embryo lebt und durch die Abtreibung stirbt, dann sind wir irgendwo auf dem Weg falsch abgebogen.

Ist Entstigmatisierung die Lösung?

Über die Tatsache hinaus, dass die Entstigmatisierung von Abtreibung teils mit unlauteren Mitteln vorangetrieben wird, sehe ich weitere Gefahren für Betroffene. Die Verliererinnen dieser Bestrebungen sind in meinen Augen die Frauen, die tatsächlich trotz bester Voraussetzungen Schuldgefühle entwickeln und psychische Belastung erfahren. Ich stelle die These in den Raum, dass sich das Tabu, das aktuell auf Abtreibung liegt, auf die psychischen Folgen von Abtreibung verschieben könnte und die Lage für Betroffene dadurch erst recht nicht gelöst wird. Bereits jetzt ist Abtreibung in der Wahrnehmung vieler nichts Problematisches mehr und es wird außerhalb der Kreise, die sich dezidiert damit beschäftigen, kaum über mögliche Folgen gesprochen. Ich befürchte, dass sich Betroffene irgendwann nicht mehr trauen, über ihr Leiden zu sprechen, nicht weil sie sich dann zu einem Schwangerschaftsabbruch bekennen müssen, sondern weil sie diesen entgegen den gesellschaftlichen Narrativen nicht gut verkraften konnten. Die Stigmatisierung dieser Frauen wird umso größer sein, je »normaler« Abtreibung wird, denn wenn sie es nicht wie vergleichsweise eine Wurzelbehandlung, sondern als schmerzhaften Verlust eines Kindes empfindet, war sie wohl nicht selbstbestimmt genug, nicht entschieden genug, nicht frei genug. Und vermutlich war sie dann schon aufgrund ihrer Disposition empfänglicher für psychische Probleme im Zusammenhang mit einer Abtreibung. In meinen Augen ist die Entstigmatisierung von Abtreibung daher keine Patentlösung, sondern reine Symptombehandlung.

Ich möchte ganz bestimmt keiner Frau psychische Belastung einreden und wünsche niemandem aus Groll ein schlechtes Gewissen. Aber ich weine mit denen, die sich belogen fühlen, die Trauer und Wut verspüren und die den Lügen darüber, was bei einer Abtreibung passiert, auf den Leim gegangen sind. Es macht mich sauer zu wissen, dass jeden Tag Frauen in die Beratungsstellen und Praxen gehen und ihnen suggeriert wird, dass nach dem Eingriff wieder alles beim Alten sein wird – und am Ende ist nichts mehr, wie es vorher war. Die Beraterinnen im staatlichen Beratungssystem tun sicher mit bestem Wissen und Gewissen das, was sie für richtig und gut halten. Ich möchte niemandem schlechte Intentionen unterstellen. Doch ich möchte diejenigen kritisieren, die die vielen trauernden und leidenden Frauen wie ein Bauernopfer auf dem Weg zu »wahrer« Selbstbestimmung ignorieren. Wer Frauen ernst nimmt, mutet ihnen die Wahrheit zu, und dazu gehört auch, dass bei einer Abtreibung ihr Kind unwiederbringlich stirbt. Dies vor allem auch in der Beratung zu äußern, würde Frauen aber nur ein schlechtes Gewissen machen. Und das passt nicht in die Agenda. Wenn es notwendig ist, Forschung zu beschönigen und die Fakten darüber zu leugnen, was bei einer Abtreibung wirklich passiert, ist diese Agenda möglicherweise fragwürdig.

Was sagen Betroffene?

Vielmehr als nur Daten und Fakten sind die Frauen, die eine Abtreibung hinter sich haben, echte Menschen mit echten Geschichten. Unter dem Hashtag #shoutyourabortion (zu Deutsch in etwa »Schrei deine Abtreibung heraus«) erzählen Frauen in den sozialen Medien seit einigen Jahren von ihren persönlichen Erfahrungen. Initiiert wurde der Hashtag-Trend mit der Intention der Normalisierung. Obwohl auch hier natürlich nicht davon ausgegangen werden kann, dass die Geschichten ein repräsentatives Bild aller Betroffenen zeichnen, kann man der Aktion zugutehalten, dass sie Außenstehenden einen Einblick in die Realität von Betroffenen gibt. Dabei werden auch Ambivalenzen und die tiefe Prägung deutlich, die Abtreibung in der Erinnerung und der Seele einzelner Frauen hinterlässt. Was mich nachdenklich stimmt, ist die Tatsache, dass hierbei nicht nur die positiv erlebten Aspekte von Abtreibung normalisiert werden, sondern eben auch negative. So schreibt eine junge Frau, die sich Aida nennt und ihre Abtreibung nicht bereut: *»It still hurts sometimes tho but I guess that's normal.«*[55]

Es geht mir nicht darum, dass Ambivalenzen nicht sein dürfen oder dass negative Gefühle nicht Teil der Lebensrealität sind. Was mich stört, ist die Tatsache, dass in der Öffentlichkeit hierüber nicht klar und ehrlich kommuniziert wird. Dass negative Erfahrungen stets beiseitegewischt werden müssen mit dem Zusatz »Aber das sind die wenigsten, denen es so geht« oder »Wenn das Stigma nicht bestehen würde, wäre das nicht so« oder »Nur weil manche leiden, können wir doch anderen nicht verbieten, für sich eine Entscheidung zu treffen«. Warum kann dieser Teil der Wirklichkeit nicht einfach stehen gelassen werden? Warum stellen sich so wenige hin und sagen: »Sein Kind herzugeben ist auch wirklich schwer. Es ist verständlich, dass das wehtut«? Ohne Wenn. Ohne Aber. Das Kleinreden und Rechtfertigen von Leiden nach Abtreibung ist das Gegenteil von Empowerment. Es ist begrüßenswert, dass das Bewusstsein für psychische Gesundheit heute bereits deutlich höher ist, als es vor einigen Jahren noch der Fall war. Doch das Anerkennen von psychischen Störungen und Belastungen darf nicht dazu führen, dass wir vergessen, ihre Ursachen zu beseitigen.

Was ich von einer Frau lernen durfte, die eine Selbsthilfegruppe für Frauen nach Schwangerschaftsabbrüchen gegründet hat – und die sich übrigens selbst als »Pro Choice« bezeichnet –, ist, dass sich viele Betroffene nicht ausreichend über den Ablauf und die Intensität des Abtreibungsprozesses aufgeklärt fühlen. Sie berichtet davon, dass insbesondere die Frauen, die ihre Schwangerschaft medikamentös abbrachen, von der Wucht dessen traumatisiert wurden, was sie erlebten. Ganz unabhängig von politischen Zielen kann also als Gemeinsamkeit die Notwendigkeit formuliert werden, dass medizinische und psychosoziale Aufklärung ehrlich und akkurat stattfinden müssen.

Die persönlichen Geschichten von Betroffenen zeigen auch, dass es eben nicht immer nur das Stigma und der äußere Druck sind, die Leiden verursachen. Manche von ihnen erkennen erst später, dass das, was ihnen als leichter Weg aus einem Konflikt angeboten wurde, in ihrem Herzen anders nachklingt oder dass sie nicht ausreichend über den Prozess informiert wurden. Bei manchen kommen die Gefühle erst nach vielen Jahren oder Jahrzehnten auf, was bisher auch erst in wenigen Studien erforscht wurde. Diesen Frauen zu suggerieren, ihr Leiden sei eine Projektion der Erwartungen und Moralvorstellungen ihrer Umwelt, scheint mir ebenso vermessen wie zu glauben, jede Frau sei sich dessen bewusst, was bei einer Abtreibung passiert. Betroffenen zuzuhören kann das ethische Dilemma nicht lösen, das ein Schwangerschaftskonflikt grundsätzlich birgt. Es kann aber dazu beitragen, dass alle Seiten mehr über die Lebenswirklichkeit von Abtreibung lernen.

Selbst wenn …

Am Ende dieser Ausführungen lade ich noch ein darüber nachzudenken, welche Schlüsse wir aus diesen Erkenntnissen ziehen. Ich persönlich störe mich ein wenig daran, wenn die Schicksale von betroffenen Frauen zum Spielball in einer ethischen Debatte gemacht werden. Ob Abtreibung gut oder schlecht, richtig oder falsch ist, hat rein gar nichts damit zu tun, wie es Betroffenen damit geht. Es gibt viele, die sagen, dass es für sie genau die richtige Entscheidung war. Das bedeutet nicht, dass es für ihr Kind die richtige Entscheidung war. Selbst wenn keine Frau auf der ganzen Welt je unter einer Abtreibung gelitten hätte, wäre es immer noch die Tötung eines unschuldigen Menschen und in meinen Augen damit unrecht. Wenn Betroffene selbst ihre Geschichte erzählen und dadurch anderen Frauen Mut machen, ist dagegen überhaupt nichts einzuwenden. Ich finde es sogar sehr wichtig, dass wir uns diesen Geschichten stellen, den positiven wie den negativen. Nur so können Menschen, die nicht persönlich betroffen sind, die Realität von Abtreibung überhaupt ansatzweise verstehen.

Anders ist das mit Geschichten, die an die Öffentlichkeit gelangen und dann für eine Agenda instrumentalisiert werden, der die Betroffene vielleicht gar nicht zustimmt. Erst im November 2023 geschah das mit der Geschichte von Britney Spears, die in ihrer Autobiografie »The Woman in Me« davon berichtete, dass sie während ihrer Beziehung mit Justin Timberlake schwanger wurde und er sie unter Druck setzte, eine Abtreibung vornehmen zu lassen. Für sie selbst sei das eine der qualvollsten Erfahrungen ihres Lebens gewesen. Ich bewundere Britney Spears für ihren Mut, diese schmerzhafte Erinnerung mit der Welt zu teilen, und hoffe, dass ihr Zeugnis andere Schwangere dazu ermutigt, für sich selbst und ihr ungeborenes Kind einzustehen. Dennoch stört es mich persönlich, wenn sich geradezu auf solche Geschichten gestürzt wird, um damit einen Standpunkt zu unterstreichen. Das passiert sicher auf allen Seiten, und wie bereits gesagt, ist das Aufgreifen solcher Berichte zu einem gewissen Grad berechtigt und wichtig. Allerdings sollten wir sie als das einordnen, was sie eben sind: als persönliche Erfahrungen. Nicht mehr und nicht weniger.

Fazit: Die Studienlage zur Frage, wie Frauen Abtreibungen psychisch verkraften, spiegelt die Herausforderungen der empirischen Forschung in besonderem Maße wider. Einerseits wird behauptet, dass die meisten Frauen Schwangerschaftsabbrüche dann gut verkraften, wenn sie die Entscheidung frei von äußerem Druck und ohne psychische Vorbelastung treffen konnten. Auf der anderen Seite sehen wir, dass ebendiese Faktoren eine Realität sind, die auch die Entstigmatisierung von Abtreibung nicht eliminieren können wird.

KURZ UND KNAPP

»Es gibt Frauen, die eine Abtreibung gut verkraften, und andere, die auch Jahre später noch darunter leiden. Ich denke, das Wichtigste ist, ehrlich über potenzielle Risiken aufzuklären. Ob Abtreibung grundsätzlich recht oder unrecht ist, hat aber am Ende nichts damit zu tun, wie es Betroffenen damit geht.«

- Was würdest du einer Frau entgegnen, die dir von ihren persönlichen Erfahrungen mit Abtreibung erzählt?

12. »Was ist, wenn die Frau vergewaltigt wurde oder ihr Leben gefährdet ist?«

Härtefälle, kriminologische und medizinische Indikation

Als ich vor einiger Zeit bei einer Veranstaltung über das Thema Frausein von meinem Aktivismus berichtete, kam eine ältere Frau auf mich zu und erzählte mir ihre Geschichte. Sie selbst sei durch eine Gewalttat entstanden und habe von ihrer Mutter ihr Leben lang das Gefühl vermittelt bekommen, nicht ganz angenommen zu sein. Die tiefen Verletzungen, die diese Frau mit sich herumträgt, waren in unserem Gespräch deutlich zu spüren. Und dennoch – gerade deshalb, sagte mir die Dame, gerade aufgrund ihrer Geschichte, sei sie für den Schutz des ungeborenen Lebens. Wäre sie zu einer anderen Zeit entstanden, wäre sie vielleicht nie geboren worden. Das Zeugnis der älteren Dame hat mich tief berührt. Einerseits bedauerte ich ihre Verletzungen und Wunden, die sie noch immer nicht ganz aufgearbeitet zu haben schien. Auf der anderen Seite hatte ich tiefstes Mitgefühl mit ihrer Mutter, die offensichtlich nie die Hilfe bekommen konnte, die sie gebraucht und verdient hätte.

In der Diskussion um das Thema Abtreibung bleibt das Schlagwort »Vergewaltigung« fast nie aus. In den »Härtefällen« Vergewaltigung und medizinische Notfälle sehen viele Menschen die einzig legitimen Ausnahmen für Abtreibung oder aber die Begründung für deren unbedingte Notwendigkeit. Tatsächlich sind es auch diese Fälle, für die in vielen Ländern mit restriktiver Gesetzeslage eine Ausnahmeregelung gilt. Auch in Deutschland gibt es Sonderregeln für die straffreie Durchführung von Abtreibungen, die diese Fälle betreffen. Hierbei wird dann von der *kriminologischen* Indikation (z. B. Vergewaltigung) bzw. *medizinischen* Indikation (seelische oder körperliche Gefährdung der Mutter) gesprochen.

Kommt man auf diese Fälle zu sprechen, sind Feinfühligkeit und Bedacht von enormer Bedeutung, weil sie in besonderer Weise emotional besetzt sind und im Zweifelsfall auch persönliche Erfahrungen im Spiel sein können. Vorneweg sei gesagt, dass es in diesem Punkt auch unter denen, die sich grundsätzlich für das Lebensrecht der Ungeborenen einsetzen, eine Bandbreite an Positionen gibt. Wie in jeder anderen Thematik auch ist es völlig legitim, sich eines Statements zu enthalten, beispielsweise wenn man für sich selbst noch zu keinem Ergebnis gekommen ist.

Ich möchte an dieser Stelle versuchen, eine möglichst sachliche Betrachtung zur ethischen Einordnung dieser Fälle vorzunehmen. Welche Schlüsse daraus gezogen werden, sei jedem selbst überlassen. In der Diskussion ist es je nach Intention des Gegenübers nicht immer notwendig, eine so ausführliche Begründung seiner Position zu geben. Möchte mein Gesprächspartner aus ehrlichem Interesse heraus wissen, wie ich zu Abtreibung unter medizinischer oder kriminologischer Indikation stehe und warum? Oder ist das Benennen der Härtefälle als Argument ein Mittel, um die Notwendigkeit von Abtreibung darzulegen? Wenn dem so ist, wäre die Person damit einverstanden, Abtreibung nur in diesen Fällen zuzulassen? Sehr viele Menschen antworten auf diese Frage mit »Nein«. Wenn dem so ist, kann man sich die Mühe sparen, weitere Erklärungsversuche zu unternehmen: Offensichtlich werden diese tragischen Fälle dann lediglich dazu instrumentalisiert, die mehr als 95 Prozent der Abtreibungen zu rechtfertigen, die ohne medizinische oder kriminologische Indikation erfolgen. Dann liegt die Hauptfunktion dieses Arguments offensichtlich darin, die Debatte zusätzlich zu emotionalisieren und von einer ethischen Betrachtung von Schwangerschaftsabbrüchen abzulenken.

Doch selbstverständlich gibt es auch Menschen, die echtes Interesse daran haben, wie man den Schutz des ungeborenen Lebens in Bezug auf Härtefälle sieht. Werfen wir einen Blick auf die zahlreichen Aspekte, die es hier zu beachten gibt, beginnend mit Fällen von Vergewaltigung und sexuellem Missbrauch. In Deutschland wurden in den Jahren 2012 bis 2022 nach offiziellen Angaben zwischen 0,01 und 0,05 Prozent der Schwangerschaften nach der kriminologischen Indikation abgebrochen. In Zahlen waren das zwischen 17 und 50 Fälle pro Jahr.[56] Es ist jedoch wahrscheinlich, dass ein Teil der Fälle über die Beratungsregelung lief, beispielsweise um Ermittlungen oder Bürokratie zu vermeiden. Einer Studie des Bundesfamilienministeriums aus dem Jahr 2004 zufolge werden nur ca. 5 Prozent der Fälle sexueller Gewalt zur Anzeige gebracht.[57] Wenn man davon ausgehend schätzt, dass in Wirklichkeit 20 Mal so viele Abtreibungen infolge einer Vergewaltigung stattfinden, erhöht sich die Rate auf 0,2 bis 1 Prozent der Schwangerschaftsabbrüche.

»Man kann doch einer Frau nicht zumuten, das Kind ihres Vergewaltigers auszutragen.«

Sexuelle Gewalt ist ohne Zweifel einer der brutalsten Verstöße gegen die Menschenwürde, gegen die seelische und körperliche Integrität einer Person, die man sich vorstellen kann. Viel zu selten kommt Tätern die Strafe zu, die eines solchen Verbrechens angemessen wäre. Abgesehen davon sind die Wunden, die Betroffenen zugefügt werden, mit nichts auf der Welt ganz wiedergutzumachen. Was es bedeutet, infolge einer Vergewaltigung schwanger zu werden, kann man als Außenstehender nur erahnen. Die Betrachtung dieses Szenarios im Hinblick auf das Thema Abtreibung geschieht daher immer mit höchstem Respekt und in voller Solidarität mit den Betroffenen sexueller Gewalt.

Nachdem der Oberste Gerichtshof der Vereinigten Staaten das Grundsatzurteil Roe vs. Wade im Juni 2022 kippte, war die Gesetzgebung zu Abtreibungen wieder in den Händen der Bundesstaaten. In einigen dieser Staaten gibt es mittlerweile vollkommene Abtreibungsverbote – ohne Ausnahmen für Fälle von Vergewaltigung. Viele fragen sich: Wie kann eine moderne Gesellschaft das zulassen? Ist das nicht unmenschlich und rückständig? Die Begründung für solche Gesetze liegt natürlich nicht darin, dass jemand Freude daran hätte, Opfer von Gewalttaten zu drangsalieren. Diese Staaten gewähren den Ungeborenen die gleichen Rechte wie geborenen Menschen und konsequenterweise wird die Gesetzgebung danach ausgerichtet. Wenn es nicht legitim ist, einen geborenen Menschen zu töten, kann es – unabhängig von den Umständen – auch nicht legitim sein, einen ungeborenen Menschen zu töten. Für diejenigen, die die Menschlichkeit der Ungeborenen nicht anerkennen, sind solche Urteile verständlicherweise nicht nachvollziehbar oder gar unmenschlich. Grundsätzlich ändern die Umstände der Entstehung eines Menschen jedoch nichts an seiner Menschenwürde. Ein Embryo hat keine Schuld an den Verbrechen seines Vaters. Seine Entstehungsgeschichte führt nicht dazu, dass er weniger wertvoll oder schützenswert wäre als andere Menschen. Eine Abtreibung macht die Tat der Vergewaltigung auch nicht ungeschehen. Sie fügt dem Ganzen vielmehr einen weiteren Akt der Gewalt und ein weiteres Opfer hinzu.

Um die Denkweise hinter dieser Argumentation ein wenig zu verdeutlichen, führe ich gerne ein Gedankenexperiment an. Stell dir vor, man würde darüber diskutieren, ein neues Gesetz einzuführen. Demnach sollten Opfer von Vergewaltigung darüber entscheiden dürfen, ob ihr Peiniger die Todesstrafe erhalten sollte oder nicht. Dem Urteil des Opfers würde Folge geleistet werden. Wie würdest du zu diesem Gesetz stehen? Vermutlich würden es die meisten Menschen kritisch sehen, entweder weil sie Willkür und Selbstjustiz ablehnen oder/und weil sie die Todesstrafe als kein angemessenes Mittel einer Demokratie erachten. Wenn wir nun aber einem Verbrecher aufgrund seiner Menschenwürde ein solches Schicksal nicht zumuten würden, warum tun wir es bei einem unschuldigen Kind? Unabhängig davon, ob jemand der Prämisse dieses Gedankenexperiments zustimmt oder nicht – nämlich, dass ein Embryo ein vollwertiger Mensch ist –, kann es zumindest bei einem wohlwollenden Gesprächspartner zu mehr Verständnis für diese Position führen.

... und was ist mit der Würde der Frau?

Wenn wir so viel von der Würde der Ungeborenen sprechen, dürfen wir die Würde der Frau auch nicht aus dem Blick lassen. Bei der Diskussion des Härtefalls Schwangerschaft nach Vergewaltigung ist es noch sehr viel wichtiger, die Würde der Frau mit zu bedenken, weil diese durch den Gewaltakt sowieso schon zutiefst verletzt wurde. Unstrittig ist dabei die Notwendigkeit von schneller und unbürokratischer Unterstützung und Ressourcen für die Betroffene. Um einiges komplexer ist die Frage, ob der Zugang zu Schwangerschaftsabbrüchen eine Voraussetzung für die Wahrung der Würde der Frau ist. Der Versuch, diese Frage zu beantworten, führt wiederum in die Tiefen der Philosophie, was an dieser Stelle zu weit gehen würde. Die Notwendigkeit zur Beantwortung dieser Frage besteht aber sowieso vor allem im Rahmen von Gesetzgebung. Zu welchem Ergebnis man am Ende auch kommt: Das Dilemma ist in Fällen von Vergewaltigung besonders groß, weil die Verantwortung für die Situation keiner der beiden Parteien – Mutter oder Kind – zukommt.

Es ist unmöglich vorherzusagen, was die Zukunft bringt

Die Annahme, dass der Wunsch nach einer Abtreibung die natürliche Reaktion auf eine Schwangerschaft durch Vergewaltigung sei, ist weit verbreitet. Untersuchungen belegen aber, dass sich 50 bis 85 Prozent der Frauen dafür entscheiden, das Kind auszutragen.[58] Von Außenstehenden werden oft sehr konkrete Mutmaßungen darüber angestellt, was auf Mutter und Kind in einem solchen Fall zukommt: Das Kind sei der Mutter ein ständiges Andenken an das ihr Geschehene, sie könne es wahrscheinlich nicht einmal lieben und es gelänge ihr deshalb wohl nie, das Verbrechen zu verarbeiten.

Verschiedenen Studien zufolge gehen die meisten Fälle sexueller Gewalt von Menschen im persönlichen Umfeld aus, oftmals sogar vom Partner selbst. Weit weniger als 10 Prozent der Vergewaltigungen finden durch einen Unbekannten statt.[59] Es ist also fraglich, inwieweit die Entscheidung gegen ein gewaltvoll gezeugtes Kind auch gleichzeitig die Erinnerung an die Tat bzw. den Täter wirksam mindern kann. Abgesehen davon, dass man unmöglich pauschal vorhersehen kann, wie jemand in einer bestimmten Situation in der Zukunft fühlen und handeln wird, kann das nicht einmal jeder Mensch für sich selbst tun. Es ist nicht selbstredend, dass eine Abtreibung grundsätzlich positiv zur Verarbeitung der traumatischen Situation beiträgt. Es sind Fälle bekannt, in denen Frauen sogar davon berichten, dass sie eine Abtreibung nach einer Gewalttat als Retraumatisierung empfanden. Bei der Verarbeitung traumatischer Situationen spielen so viele individuelle Faktoren eine Rolle, dass es unmöglich ist, pauschale Aussagen zu machen. Zu den allgemein anerkannten Faktoren zur Bewältigung traumatischer Erlebnisse zählen die Unterstützung durch das soziale Umfeld, professionelle Begleitung und Zeit. Wie sich das Austragen oder der Abbruch einer Schwangerschaft im individuellen Fall auswirkt, wird die Betroffene selbst erst im Nachhinein sagen können.

Licht in dunklen Zeiten

Um aufzuzeigen, welche immensen Kräfte und welche Liebe Frauen selbst nach schlimmsten traumatischen Situationen aufbringen können, möchte ich eine unfassbare Geschichte erzählen, die ich selbst aus zweiter Hand gehört habe. Eine Sozialarbeiterin berichtete im Rahmen einer Fortbildung von einer Klientin, die sich auf der Flucht aus ihrer zentralafrikanischen Heimat in Richtung Europa befand. Bekanntermaßen sind gerade Frauen zusätzlich zur an sich schon traumatischen Fluchtsituation unsäglichen Gefahren ausgesetzt, die diese Frau leider am eigenen Leib erfahren musste. Noch in Afrika wurde sie vergewaltigt und wurde infolge dieser Vergewaltigung schwanger. Ich weiß nicht, ob sie in diesem Moment eine Abtreibung in Anspruch genommen hätte, höchstwahrscheinlich war die Möglichkeit aber sowieso nicht gegeben. Jedenfalls wurde das Kind laut Erzählung der Sozialarbeiterin inmitten der Wüste von der Mutter ohne jegliche Begleitung geboren und zusammen setzten sie den beschwerlichen Weg nach Europa fort, bis sie in Deutschland Zuflucht fanden. Welche weiteren Schrecken die Frau erleben musste, kann man sich nur ausmalen. Das Kind aber wurde zum Anker, an dem sich die Frau festgehalten und für dessen Leben sie die Hoffnung nie aufgegeben hatte. Sie hütete das Kind fortan wie ihren Augapfel, denn es war das einzig Gute, was aus dieser beschwerlichen Zeit hervorgegangen war. Nun ist eine solche Geschichte nur einer von vielen Fällen, und wie bereits betont wurde, geht jede Frau anders mit traumatischen Erlebnissen um. Doch sie zeigt, welche Liebe in einer Mutter und welche Hoffnung in einem Kind stecken können.

Diese Kinder leben unter uns

Es wurde weiter oben erwähnt, dass sich die Mehrheit der Frauen nach einer Vergewaltigung für das Austragen des Kindes entscheidet. Das bedeutet gleichzeitig, dass diese Kinder unter uns leben und mitbekommen, wie ihre Existenzberechtigung immer wieder infrage gestellt wird. Vielleicht wird ihr Leben und das ihrer Mutter nicht nur von der Gewalttat des Erzeugers überschattet, sondern auch von gesellschaftlichen Erwartungen und Urteilen. Das Stigma, das auf den Opfern von Vergewaltigung und ihren Kindern lastet, wird wahrscheinlich nur dann verschwinden, wenn wir den bedingungslosen und unendlichen Wert von Mutter und Kind in den Fokus stellen. Ihre Schicksale gegeneinander auszuspielen, halte ich für weniger hilfreich.

Wer ist der wahre Täter?

Ein letzter Punkt, der mir in diesem Kontext extrem wichtig scheint: Wenn Berichte durch die Presse gehen, die beschreiben, wie ein oft minderjähriges Opfer von Vergewaltigung keinen Zugang zu einer Abtreibung bekommen konnte, richtet sich der Fokus der Wut oftmals auf diejenigen, die Bestrebungen zum Schutz des ungeborenen Lebens vornehmen. Ich halte es für völlig unangebracht und pietätlos, die Schuld für die Misere der Opfer an dieser Stelle zu suchen und nicht da, wo sie eigentlich liegt: beim Täter. Die Instrumentalisierung solcher Fälle zum Zweck einer politischen Agenda birgt die Gefahr, dass die Schuld des Täters in den Hintergrund rückt und relativiert wird.

Genauso dürfen wir nicht vergessen, dass Abtreibung ein Werkzeug ist, um Frauen und Mädchen weiterhin missbrauchen und ausbeuten zu können. Recherchen von amerikanischen Pro-Life-Aktivisten sammelten bereits zahlreiche Belege dafür, dass Mitarbeiter von *Planned-Parenthood*-Kliniken immer wieder dazu beitrugen, Missbrauch und Menschenhandel zu decken.[60] Die allermeisten Menschen stimmen sicher zu, dass hier maßloses Unrecht geschieht. Allerdings werden diese Problematiken bisher weitgehend ignoriert oder gebilligt.

Keines der Argumente für oder gegen eine Abtreibung nach Vergewaltigung macht dieses Verbrechen ungeschehen oder wieder gut. Ich möchte mir nicht anmaßen, darüber zu urteilen, wie es Opfern geht und welche Entscheidungen sie im Nachgang treffen. Meine Einladung besteht darin, die als selbstverständlich scheinenden, gängigen Annahmen zu hinterfragen. Die Wirklichkeit ist oft sehr viel komplexer, als sie in der Debatte um Abtreibung dargestellt wird. Dies anzuerkennen liegt im Interesse aller Beteiligten.

Gut gemeint ist nicht gleich gut

»Vielleicht hat Gott einen wunderbaren Plan mit diesem Kind«, mag sich so mancher Gläubige denken, wenn eine Frau ungewollt schwanger wird. Die christliche Perspektive auf Krisen birgt sehr viel Kraft und Hoffnung für diejenigen, die sie bewusst wählen. Jemandem, der selbst großes Leid erfahren hat, können solche Aussagen jedoch angesichts ihrer Erfahrungen wie blanker Hohn und Zynismus erscheinen. Ganz unabhängig davon, ob es vielleicht stimmt: Relativieren wir Leid nicht durch schöne Worte, so gut sie auch gemeint sind. Niemand sollte zusätzlich zu sowieso schon durchlebtem Trauma noch gesagt bekommen, dass dieses Trauma vielleicht einen »Sinn« hatte. Es ist wunderbar, wenn Opfer von Gewalt im Nachhinein ihre Erfahrungen so bewerten können. Studien zeigen sogar, dass es zu sogenanntem posttraumatischem Wachstum führen kann, Sinn im Erlebten zu finden.[61] Doch solche Erkenntnisse entstehen langsam in einem Heilungsprozess, der von innen heraus passiert und nicht von außen übergestülpt werden kann.

Die medizinische Indikation

Wenn von »medizinisch notwendigen Schwangerschaftsabbrüchen« gesprochen wird, ist nicht immer ganz klar, wovon gesprochen wird. Manche Menschen denken dabei in erster Linie an Fälle, in denen die Gesundheit oder das Leben der Schwangeren gefährdet ist. Darauf werde ich später gesondert eingehen. Ebenso werden unter den Begriff der *medizinischen Indikation* die Fälle gefasst, bei denen die Schwangerschaft aufgrund einer Gefährdung der psychischen Gesundheit der Mutter abgebrochen wird. Diese wird vor allem bei Fehlbildungen oder genetischen Erkrankungen des Ungeborenen attestiert. In Deutschland machen Abtreibungen nach medizinischer Indikation ca. 4 Prozent aller Fälle aus. Hierbei gilt die Frist von 12 Wochen nach Empfängnis nicht, theoretisch könnte eine Abtreibung bis zum Einsetzen der Geburt vorgenommen werden. Die Bandbreite der Diagnosen beim Kind, die eine medizinische Indikation rechtfertigen, reicht von gut behandelbaren Fehlbildungen, wie einer Lippen-Kiefer-Gaumenspalte, bis hin zu Krankheiten, die bereits im Mutterleib oder spätestens kurze Zeit nach der Geburt mit Sicherheit zum Tod des Kindes führen.

Die psychische und körperliche Belastung ist bei Abtreibungen nach medizinischer Indikation besonders hoch. Dem Eingriff gehen oft viele Wochen der Ungewissheit, des Hoffens und Bangens, ein Marathon von Untersuchungen und innere Kämpfe voraus. Dazu kommt, dass die Schwangerschaft in vielen dieser Fälle ja gewünscht war. In höheren Schwangerschaftswochen, wenn der Fötus potenziell außerhalb des Mutterleibs überlebensfähig wäre, wird in der Regel der Fetozid (Tötung des Ungeborenen durch eine Kaliumchloridinjektion) durchgeführt, bevor die Geburt eingeleitet wird. Der Geburtsprozess muss dementsprechend ebenso durchlaufen werden wie bei einer Lebendgeburt. Die Anzahl der Spätabbrüche nach der 22. Schwangerschaftswoche stieg in den vergangenen zehn Jahren von mehr als 400 auf mehr als 700 pro Jahr in Deutschland stetig an.[62]

Ethische Bedenken

Während auch in diesen Fällen die emotionale Belastung und Not der Eltern besondere Beachtung finden muss, sind die ethischen Bedenken bei medizinisch indizierten Abtreibungen gleichsam hoch. Die Rechtslage in Kombination mit der zunehmenden Popularität von Pränataldiagnostik führt unweigerlich zu einer Ungleichbehandlung kranker und behinderter Kinder im Vergleich zu Kindern ohne offenkundige Diagnose. Diese Tatsache wird auch von vielen kritisiert, die sich grundsätzlich für Schwangerschaftsabbrüche aussprechen. Manche Menschen unterscheiden in ihrer

Beurteilung zwischen Diagnosen, mit denen das Kind gute Überlebenschancen hat, und solchen, die sicher zum Tod des Kindes vor oder kurz nach der Geburt führen. Ethisch betrachtet stellt sich jedoch die Frage, ob sich am Lebensrecht und der Würde des Kindes in Abhängigkeit von seiner Lebenserwartung etwas ändert.

Neben geschlechtsselektiver Abtreibung, die in Deutschland rein rechtlich erfreulicherweise nicht möglich ist, sind die wohl umstrittensten Fälle von Abtreibung diejenigen, bei denen eine Krankheit oder Behinderung diagnostiziert wurde, die die Lebenserwartung nicht oder nur bedingt einschränkt. Bei allem Verständnis dafür, welche Herausforderungen auf eine Familie mit krankem oder behindertem Kind zukommen, ist es erschreckend zu sehen, wie geradeheraus ableistisch, also behindertenfeindlich, viele Menschen denken. Damit sind gar nicht Betroffene gemeint, sondern eher Menschen, die sich über Betroffene äußern. Es ist leider absolut salonfähig, die Geburt eines behinderten Kindes von vorneherein auszuschließen. Solche Denkweisen basieren auf Stereotypen und behindertenfeindlichen Strukturen, tragen aber ebenso zu deren Aufrechterhaltung bei. Es ist wahrscheinlich nicht übertrieben zu behaupten, dass die am stärksten diskriminierte Menschengruppe in unserer Gesellschaft behinderte Ungeborene sind, was sich am Beispiel von Kindern mit Trisomie 21 (»Downsyndrom«) gut zeigen lässt: In Deutschland werden Schätzungen zufolge 9 von 10 Kindern mit Downsyndrom abgetrieben. In anderen Ländern, wie Dänemark, nähert sich die Rate den 100 Prozent.[63] Ihre Chancen, leben zu dürfen, sind mittlerweile so gering, dass die wenigen, die leben dürfen, als »the lucky few« bezeichnet werden.

Besonders brisant sind auch Spätabtreibungen, bei denen der Fetozid durchgeführt werden muss. Viele Ärzte lehnen diese Maßnahme ab, weil sie noch viel offensichtlicher als andere Formen der Abtreibung dem ärztlichen Auftrag, Leben zu retten, diametral widerspricht. Es soll jedoch vermieden werden, dass der Fötus den Geburtsvorgang überlebt, was zu weiteren moralischen Problematiken führt. In solchen Fällen stellt sich nämlich die Frage, ob das Neugeborene einen Anspruch auf medizinische Versorgung und gegebenenfalls lebensrettende Maßnahmen hat.

Am Ende all dieser Überlegungen stellt sich die Frage, wie wir gesellschaftlich mit diesen Dilemmata umgehen. Versuchen wir durch Aufklärung und Unterstützung mehr Menschen dazu zu ermutigen, ihren behinderten Kindern das Leben zu schenken? Oder schaffen wir auf rechtlicher Ebene gleiche Voraussetzungen für alle Kinder? Wenn ja, sollten wir die Frist für elektive Abtreibungen (Abtreibungen auf Wunsch ohne medizinische Notwendigkeit) lockern oder eine Frist für die medizinische Indikation einführen? Oder gibt es gar völlig andere Lösungsansätze? Wie gehen die Bemühungen, behinderte und kranke Kinder weniger zu benachteiligen, mit der Entwicklung einher, dass nicht invasive Pränataltests (NIPT) mittlerweile Kassenleistung sind? Solche Fragen werden uns noch weiterbeschäftigen, allerdings konnte diese Thematik das Interesse der breiten Öffentlichkeit nur selten wecken.

Der Fall Tim: Das »Oldenburger Baby«

Die Diskussion über Spätabtreibungen und die Versorgungspflicht bei überlebenden Babys wurde in Deutschland durch den Fall des »Oldenburger Babys« Tim um die Jahrtausendwende angefacht. Tim überlebte seine eigene Abtreibung in der 25. Schwangerschaftswoche, die nach Feststellung der medizinischen Indikation Trisomie 21 durchgeführt wurde. Erst nachdem er neun Stunden lang in Tücher gewickelt liegen gelassen wurde, kümmerte sich das medizinische Personal um ihn. Mit acht Monaten kam er in eine Pflegefamilie, in der er bis zu seinem Tod im Alter von 21 Jahren lebte.

Was, wenn das Leben der Schwangeren gefährdet ist?

Wenn aufgrund der Schwangerschaft eine konkrete Bedrohung für das Leben der Schwangeren besteht, würden die allerwenigsten Menschen dafür plädieren, die Schwangerschaft um jeden Preis fortzuführen. In einem solchen Fall wird die Abwägung nicht mehr zwischen dem Recht auf Leben und dem Recht auf Selbstbestimmung getroffen, sondern zwischen zwei gleichwertigen Leben. Zudem bestehen die Intention und oftmals die Methodik hierbei nicht darin, das Ungeborene zu töten, sondern darin, den lebensbedrohlichen oder gesundheitsgefährdenden Zustand der Mutter zu beenden. Bezüglich solcher Fälle kursieren eine Menge Falschinformationen oder Fehlwahrnehmungen und auch diese Fälle werden medial oftmals dazu instrumentalisiert, um elektive Abtreibungen zu rechtfertigen.

Eileiterschwangerschaft und Fehlgeburt

Man kennt die tragischen Berichte von Frauen, die in Ländern mit restriktiver Gesetzgebung in Bezug auf Abtreibung beinahe oder tatsächlich gestorben sind, weil ihnen eine Abtreibung verwehrt wurde. Einige solcher Berichte sind aus Polen oder neuerdings den USA bekannt. Bei genauerem Hinschauen wird dabei oftmals deutlich, dass es gar nicht um eine Abtreibung im eigentlichen Sinne, sondern um die Behandlung einer Fehlgeburt ging. Die Verwechslungsgefahr hat zwei Gründe: Unter den verschiedenen Bezeichnungen für Fehlgeburten gibt es auch Begriffe wie »spontaner Abort« oder »Missed Abortion«, was bedeutet, dass der Embryo bereits verstorben, aber noch nicht abgegangen ist. Weiterhin benötigen manche Frauen nach einer Fehlgeburt auch eine Ausschabung oder medikamentöse Behandlung, um in der Gebärmutter verbliebenes Gewebe zu entfernen. Grundsätzlich sind die Behandlung einer Fehlgeburt und eine Abtreibung aber zwei unterschiedliche Dinge, sowohl medizinisch als auch ethisch betrachtet. Wäre das nicht der Fall, gäbe es wohl keine Diskussion darüber, ob Mediziner im Studium Methoden des Schwangerschaftsabbruchs erlernen sollen oder nicht. Den Unterschied auf ethischer Ebene zu erklären, scheint mir fast zu banal. Allerdings kommt es in der Tat nicht selten vor, dass Menschen Abtreibung mit der Aussage rechtfertigen, dass Fehlgeburten ja ganz natürlich seien. Ich konnte das Rätsel bisher noch nicht abschließend lösen, welche Denkprozesse zu einer ethischen Gleichsetzung des natürlichen Todes mit einer gezielten Tötung führen. Wem der Unterschied tatsächlich unbegreiflich ist, dem könnte man den Vergleich vor Augen führen, den Secular Pro-Life, eine amerikanische Pro-Life-Organisation, einmal angebracht hat: »Es ist so, als würde man eine Einäscherung damit vergleichen, eine lebendige Person in Brand zu setzen. Es ist der gleiche Prozess«. – »Ja, du hast eine Ähnlichkeit benannt. Kannst du nun auch irgendwelche Unterschiede erkennen?«[64]

Ähnliches gilt für die Behandlung von Eileiterschwangerschaften. Davon spricht man, wenn sich der Embryo nicht innerhalb der Gebärmutter, sondern außerhalb davon im Eileiter einnistet. Falls der Embryo nicht von selbst verstirbt, besteht die Gefahr einer Eileiterruptur, was für die Schwangere lebensbedrohlich werden kann. Die Behandlung einer Eileiterschwangerschaft unterscheidet sich sowohl in der Methodik als auch in der Intention von einer Abtreibung. Ziel des Eingriffs ist hierbei nicht die Tötung des Embryos in einer grundsätzlich natürlichen und ungefährlichen Situation, sondern die Abwendung der potenziell lebensbedrohlichen Gefahr.

Beiden Fällen gemeinsam ist die Tatsache, dass sie auch rechtlich nicht mit einer Abtreibung gleichzustellen sind und von gesetzlichen Abtreibungsverboten in aller Regel explizit ausgeschlossen werden. Behauptungen, dass eine medizinische Versorgung von Fehlgeburten oder Eileiterschwangerschaften bei restriktiver Gesetzeslage erschwert oder nicht möglich wäre, schüren Ängste bei Schwangeren und bei medizinischem Personal – sie liegen aber fernab der Wirklichkeit. Es liegt im gewöhnlichen Verantwortungsbereich von Ärzten, die gesetzlichen Rahmenbedingungen zu kennen und innerhalb dieser kompetent zu handeln. Wer aus Angst vor rechtlichen Konsequenzen die Gesundheit oder das Leben einer Patientin riskiert, ist seiner Verantwortung möglicherweise nicht gewachsen. Auch die Befürchtung, Frauen könnten ohne jeglichen Anlass im Zuge eines natürlichen Abgangs rechtliche Konsequenzen drohen, entbehrt jeder Grundlage. Es verärgert mich, wenn wirklich tragische und ungerechte Fälle, die mit der Gesetzeslage eigentlich gar nichts zu tun haben, dafür missbraucht werden, um Abtreibung in allen Fällen zu verteidigen. Sie eignen sich besonders gut zur Emotionalisierung der Sache, helfen aber niemandem wirklich. Eher trägt diese Art der Berichterstattung dazu bei, dass Schwangere in Notsituationen zögern, Hilfe in Anspruch zu nehmen. Würden die Tatsachen sachlich und ehrlich benannt, müsste niemand in Angst vor rechtlichen Konsequenzen leben.

Spätabtreibungen

Während es keine juristische oder medizinische Definition für den Begriff der Spätabtreibung gibt, sind damit üblicherweise Abbrüche im zweiten oder dritten Schwangerschaftstrimester, meist aber nach der 20. Schwangerschaftswoche gemeint. Es ist eine verbreitete Fehlwahrnehmung, dass Spätabtreibungen nur in medizinischen Notfällen durchgeführt werden. Wahr ist, dass die Beendigung einer Schwangerschaft in höheren Schwangerschaftswochen manchmal dringend erforderlich ist. Dabei ist es jedoch nicht zwingend notwendig, das ungeborene Kind vorher zu töten. Das würde die Prozedur der Geburt, die ja in jedem Fall stattfinden muss, eher noch verzögern. Wenn Spätabtreibungen aus »medizinischen Gründen« stattfinden, liegen diese Gründe also nicht in einer Bedrohung für das Leben oder die körperliche Gesundheit der Mutter. Der Grund liegt dann darin, dass das Kind nicht lebendig geboren werden soll.

Alle Schwangerschaften, die mit Komplikationen für Mutter oder Kind einhergehen, bringen eine besondere Belastung für alle Beteiligten mit sich. Wenn dann eine Abtreibung im Raum steht, befinden sich die Mutter oder die Eltern sowieso schon in einer Ausnahmesituation – entweder weil bereits ein langer Prozess des Bangens und des Haderns hinter ihnen liegt oder weil die Gesundheit der Schwangeren akut bedroht ist. Der Konsens in solchen Fällen ist wie so oft, dass Betroffene bestmögliche medizinische und psychologische Beratung und Begleitung erfahren sollten. Gesellschaftlich sollte besonderes Augenmerk auf die Aufklärungsarbeit bezüglich Krankheiten und Behinderungen liegen, damit Vorurteile und Stigmatisierung abgebaut werden können. Wenn allerdings überhaupt nur noch so wenig kranke und behinderte Kinder geboren werden und damit sichtbar sind, ist diese Herausforderung umso größer.

Fazit: Bei den Härtefällen der medizinischen und kriminologischen Indikation geht es um Situationen, die über den Schwangerschaftskonflikt hinaus extremste Belastungen für Schwangere bedeuten. Es gebietet sich, diese Fälle weder in die eine noch in die andere Richtung zu instrumentalisieren. Dennoch kann die Debatte um Schwangerschaftsabbrüche nie ganz losgelöst von diesen Fällen geführt werden. In ihnen spitzt sich der Konflikt zwischen den Gütern Lebensrecht und Selbstbestimmung aufs Äußerste zu. Es gilt, eine Balance zu finden zwischen Mitgefühl und der Beachtung persönlicher Erfahrungswerte und ethischen wie rechtlichen Grundsätzen, die für Schwangere in emotional belastenden Situationen prinzipiell genauso gelten wie für andere Menschen.

KURZ UND KNAPP

»Ich stimme dir zu, dass das besonders schlimme Fälle sind. Wir sind uns wahrscheinlich einig, dass Betroffene in solchen Fällen bestmögliche Versorgung und Gerechtigkeit erfahren sollten. Die Frage ist, ob Abtreibung notwendigerweise ein Teil davon ist. Wärst du denn damit einverstanden, wenn Abtreibung nur in Härtefällen erlaubt wäre?«

»Die Behandlung einer für die Mutter lebensbedrohlichen Situation ist weder ethisch noch methodisch mit einer Abtreibung gleichzusetzen. Auch in den allermeisten Ländern mit restriktiven Abtreibungsgesetzen wird das so gehandhabt.«

»Ich verstehe sehr gut, dass das Leben mit einem behinderten Kind sehr viele Herausforderungen mit sich bringt. Es ist aber im Sinne aller Behinderten, wenn wir nicht schon vor der Geburt anfangen, sie zu diskriminieren. Stattdessen sollten wir sie und ihre Familien als Gesellschaft mit allen Mitteln unterstützen.«

- In welchen Fällen hältst du persönlich Schwangerschaftsabbrüche für vertretbar?
- Was braucht es, um Betroffene in solchen Situationen zu stärken?

13. »Ihr seid total frauenverachtend«

Wie Feminismus mit Lebensschutz zusammenpasst und warum Pro Life auch immer Pro Woman heißt

Noch viel anstößiger, als sich für den Schutz der Ungeborenen einzusetzen, ist es, sich dabei als Feministin zu bezeichnen. Früher war mir nicht wohl dabei, diesen Titel für mich anzunehmen. Zu fest verankert schien mir die Verbindung zwischen Feminismus und der Haltung, für das Recht auf Schwangerschaftsabbrüche einzutreten. Doch je länger ich darüber reflektierte, was mich bewegt und wofür ich stehe, desto klarer wurde mir, dass die Grundprinzipien des Feminismus genau das sind, was mich antreibt. In den USA ist der Pro-Life-Feminismus eine etablierte Subgruppe innerhalb der Pro-Life-Bewegung, die sich in vielen anderen Punkten von den »typischen« Ansichten konservativer Amerikaner abhebt. Mit Fokus auf den Schutz der Ungeborenen ist es ihr Anliegen, Meinungsvielfalt innerhalb des Lebensschutzes abzubilden und anzuprangern, wo Missstände innerhalb und außerhalb der Bewegung stattfinden. Diese Prinzipien braucht es auch im deutschen Sprachraum.

Der wahre Kern

Wie bereits ausführlich geschildert, sprechen allein schon die enormen Aufwendungen und die Hilfsbereitschaft aufseiten der Lebensschutzbewegung dafür, dass hier nicht einfach der pure Frauenhass am Werk sein kann. Wer würde sich die Mühe machen, Strukturen und Netzwerke aufzubauen, um Schwangeren in Not echte Hilfe anbieten zu können, wenn es am Ende in Wirklichkeit darum ginge, Frauen ihrer Rechte zu beschneiden? Es gehört schon eine Menge mentale Gymnastik dazu, um diesen Teil der Realität dahin gehend zu interpretieren. Allerdings ist »die« Pro-Life-Szene ja keine homogene Masse und schon gar keine klar definierte und abzugrenzende Menschengruppe. Außerhalb der etablierten Organisationen gibt es viele Menschen, die ebenfalls gegen Abtreibung sind, aber nicht unbedingt aus denselben Gründen. Fakt ist: In jedem Stereotyp steckt immer auch ein wahrer Kern. Unter Lebensschützern kann man feststellen, dass einige bzw. viele von ihnen fast schon reflexartig zusammenzucken, wenn irgendwo das Wort »Feminismus« nur auftaucht. Den meisten würde ich überhaupt keine Böswilligkeit unterstellen – sie sind vielleicht einfach Kinder ihrer Generation, denen das Selbstverständnis moderner Frauen lediglich etwas fremd ist. Einige interessieren sich schlicht und ergreifend nicht für Feminismus oder sind einer ideologischen Überhöhung eigentlich guter Anliegen überdrüssig, die sich derzeit in manchen Bereichen beobachten lässt. Anderen fehlen wiederum Sensibilität und Verständnis dafür, welche Sprache in welchem Kontext angemessen ist. Diese findet man oftmals in den Kommentarspalten sozialer Medien. Wahrscheinlich würden sich viele dieser Menschen nicht einmal als »Pro Life« bezeichnen, denn nur die wenigsten interessieren sich überhaupt für solche Labels. Und doch werfen sie ihr Licht auf diejenigen, die sich wohlwollend um den Lebensschutz bemühen: mit Aussagen, die die gesamte Verantwortung für den Schwangerschaftskonflikt auf die Frau abwälzen. Mit lieblosen und beschämenden Unterstellungen, man sei ja herzlos oder eine schlechte Mutter, wenn man eine Schwangerschaft abbreche. Mit Ansprüchen, die unsere Gesellschaft an Mütter stellt, und mit Bewertungen, denen sie ausgesetzt sind. Auch anderweitig diskriminierende Aussagen passen für mich einfach nicht mit dem Grundsatz des Lebensschutzes zusammen, dass jeder Mensch gleichen Wert und gleiche Würde besitzt. Es scheint mir wichtig, hier stärker deutlich zu machen, für welche Werte wir stehen und für welche nicht.

Alles eine Frage der Definition

Wenn irgendwo das Wort »Pro-Life-Feminismus« fällt, ist der erste Reflex der meisten Menschen: Das passt nicht zusammen. In vielen Ohren klingt das wie ein Oxymoron (einem in sich widersprüchlichen Begriff) wie »schwarze Milch« oder »dröhnende Stille«. Einige würden sogar behaupten, dass es sich dabei um Anti-Feminismus in neuem Gewand handle, der sich den Mantel des Feminismus umlege, um hip zu wirken. So tief verankert ist die Ansicht, dass über alle Wellen und Formen des Feminismus hinweg dieses Thema das verbindende Element sei. Allerdings ist der Feminismus keine klar definierte Bewegung mit einheitlichen Zielen, sondern eine Vielzahl sich sogar teils widersprechender Strömungen mit gemeinsamen Grundprinzipien wie Freiheit, Selbstbestimmung und Gleichberechtigung. »Den einen« Feminismus gibt es also gar nicht. Die voneinander abweichenden Ergebnisse, zu denen man durch die Auslegung der Grundprinzipien und Schwerpunktsetzung der Werte gelangen kann, verdeutlichen, dass letztlich alles eine Frage der Definition ist und auch im jeweiligen historischen Kontext betrachtet werden muss. So unterscheiden sich beispielsweise der sogenannte »Radikalfeminismus« um Urgesteine wie Alice Schwarzer und der aktuell populäre intersektionale Feminismus in zentralen Ansichten, wie der Haltung zu Prostitution oder Leihmutterschaft. Warum sollte es dann nicht möglich sein, auch zu dem Schluss kommen zu können, dass die hinter der Abtreibungsthematik stehende Ideologie den Grundprinzipien des Feminismus widerspricht? Ich möchte einige dieser Grundprinzipien aufgreifen und erklären, wie »Pro Life« und »Feminismus« hier zusammenpassen.

Um wen geht es im Feminismus?

Während es in den frühen Jahren der Frauenrechtsbewegung noch dezidiert um die Rechte von Frauen und Mädchen ging, weiteten sich die Anliegen des Feminismus mit zunehmendem Erfolg immer weiter aus. Mittlerweile steht der Feminismus nicht mehr nur für den Kampf um Frauenrechte, sondern ebenso für Gerechtigkeit für alle, die auf irgendeine Art und Weise Diskriminierung erleiden oder aufgrund fehlender Privilegien (strukturell) benachteiligt sind. Die Schwerpunkte werden unterschiedlich gesetzt und auch die Methodik unterscheidet sich stark zwischen verschiedenen Gruppen, die feministische Anliegen vertreten. Manchmal wird Feministinnen unterstellt, die berufliche Karriere sei für sie das einzig wahre Ziel, während Familie und Kinder immer stärker in den Hintergrund rückten. Dabei treten in den vergangenen Jahren zunehmend Vertreterinnen eines familienorientierten Feminismus auf. Ich kann den Forderungen dieser Strömung sehr viel abgewinnen, weil sie ein zentrales Anliegen des Lebensschutzes aufgreift: eine familienfreundlichere Gesellschaft zu formen. Ihre Kritik richtet sich besonders an Politik und Unternehmen. Sie fordern eine bessere Vereinbarkeit von Familie und Beruf, prangern Diskriminierung von Eltern an und motivieren Väter dazu, sich stärker in die gemeinsame Verantwortung für die sogenannte *Care-Arbeit*[65] zu begeben. Ebenso stehen die Belange von Kindern weit oben auf der Agenda. Einzig ungeborene Kinder finden in der Interessenvertretung dieser Strömung – zumindest bei ihren bekannten Vertretern – kaum einen Platz. Einige wenige sprechen sich noch entschieden gegen Pränataldiagnostik aus, die die Selektion kranker oder behinderter Kinder begünstigt. Doch grundsätzlich müsse die Entscheidung über die Fortführung einer Schwangerschaft immer bei der Schwangeren liegen. Im Grunde sind beinahe alle Interessensgruppen von mindestens einer feministischen Strömung abgedeckt, mit Ausnahme einer Gruppe, die von vielen nicht einmal als Teil der Menschheitsfamilie anerkannt wird und die doch dazugehört: die Ungeborenen.

Gleichwertigkeit

Bereits bei dem, was man als kleinsten gemeinsamen Nenner bezeichnen könnte, beginnt der Kampf um die Deutungshoheit: der Gleichwertigkeit aller Menschen. Die allermeisten Menschen würden dem zustimmen, dass die Gleichwertigkeit aller Menschen ein extrem hohes Gut und auch eine Grundannahme des Feminismus ist. Mehr als das ist sie die Grundannahme von Demokratie. Doch wer gilt als Mensch? Der, der es nach biologischen Kriterien ist? Oder derjenige, der sich durch bestimmte Kriterien über die biologische Zugehörigkeit zur Spezies Mensch hinaus dafür qualifiziert? In der Diskussion über Abtreibung stellt sich leider oft sehr klar heraus, dass die Gleichwertigkeit von Menschen doch für viele gar nicht so entscheidend ist. Selbst Menschen, die anerkennen, dass es sich bei einem Embryo um einen lebendigen Menschen handelt, gelangen dann oftmals zu der Schlussfolgerung, dass deren Rechte aber weniger wichtig seien, weil ja sonst die Autonomie der Mutter beschnitten werde. Kann man dann noch von Gleichwertigkeit sprechen? Oftmals wird versucht den Spieß dadurch umzudrehen, dass gesagt wird, für Lebensschützer sei ja das Ungeborene wertvoller. Und auch die wiederholte Beteuerung dessen, dass man Mutter und Kind als *gleichwertig* erachte, aber die abzuwägenden Rechte nicht dasselbe Gewicht hätten, trifft meist auf Unverständnis. Das ist bedauerlich, denn der Grundsatz der Gleichwertigkeit aller Menschen ist mitunter der zentralste und wichtigste in der Philosophie einer konsistenten Lebensethik.

Gleichberechtigung, Gleichstellung und Gerechtigkeit

Die Unterscheidung zwischen Gleichberechtigung (rechtliche Gleichbehandlung aller Menschen) und Gleichstellung (Ausmerzen realer Unterschiede durch konkrete Maßnahmen wie Quoten) halte ich in der Abtreibungsdebatte für besonders wichtig. Sie trägt der Tatsache Rechnung, dass es trotz rechtlicher Gleichbehandlung dennoch Unterschiede zwischen Menschengruppen geben kann, die oft strukturellen, biologischen oder sozialen Gegebenheiten geschuldet sind. Beispielsweise hat in Deutschland rein rechtlich gesehen jeder das Recht auf freie Hochschulbildung. Aufgrund struktureller und sozialer Gegebenheiten nehmen manche Menschengruppen, wie etwa Kinder bildungsferner oder migrierter Familien, dieses Recht jedoch seltener wahr als andere.

So ist ein wesentlicher Faktor, der zum sogenannten »Gender Pay Gap« beiträgt, also dem Unterschied im Netto-Einkommen von Männern und Frauen, die Tatsache, dass Frauen Kinder austragen und auch häufiger beruflich kürzertreten, um Care-Arbeit zu leisten. Obwohl Frauen rein rechtlich die gleichen Chancen darauf hätten, gleich viel Einkommen zu erzielen wie Männer, reduzieren sich diese Chancen in der Realität aufgrund der Fähigkeit, schwanger zu werden. Der Feminismus erachtet Abtreibung als eine Art Werkzeug, um dieser »Ungerechtigkeit« entgegenzuwirken. Dabei ist die Natur nicht ungerecht, sie ist einfach, wie sie ist. Die Ungerechtigkeiten und Ungleichheiten, die sich zwischen Männern und Frauen ergeben, sind das Ergebnis eines Systems, das auf Männer ausgerichtet ist. Wenn beispielsweise besonders Frauen von Altersarmut betroffen sind, weil sie im Laufe des Berufslebens Jahre an die für eine Gesellschaft hochrelevante Care-Arbeit »verlieren«, dann liegt es doch nahe, das Rentensystem zu überdenken und Lösungen dafür zu finden, dass niemand in die Altersarmut abrutschen muss, anstatt Frauen zu suggerieren, sie bräuchten Abtreibung, um diesem Problem zu begegnen. Der Feminismus war hingegen jahrelang darauf fokussiert, gleichmachen zu wollen, was ungleich ist, orientiert an dem Ideal eines Menschen, der theoretisch Sex ohne Risiko haben kann – dem Mann.

Wenn diese Eigenschaft, schwanger werden zu können, etwas ist, das nach Belieben an- und ausgeschaltet werden können muss, dann wird die weibliche Natur offensichtlich nicht als grundsätzlich gut wahrgenommen. Umgekehrt: Wenn wir Frauen gut sind, so wie wir sind, wenn unsere Körper angeblich genau richtig sind, wozu brauchen wir dann notwendigerweise Abtreibung? Das Narrativ rund um Abtreibung hat dazu geführt, dass wir Frauenkörper als fehlerhaft betrachten. Unsere Fruchtbarkeit wird nicht als ganz normaler Teil des Frauseins, sondern als Makel erachtet, der medikamentös kontrolliert werden muss. Schwangerschaft wird vielmehr wie eine Krankheit denn als natürlicher Prozess betrachtet und Geburt ist ein derart angstbesetztes Ereignis, dass viele Frauen das Vertrauen in ihren eigenen Körper völlig verlieren. Es geht nicht darum, das Thema Mutterschaft zu romantisieren, sondern es als das zu betrachten, was es ist: ein ganz normaler Teil des Frauseins. Sie muss weder zur Pflicht werden noch ist sie eine Notwendigkeit, um ganz und gar weiblich zu sein. Doch es ist grundsätzlich ein Teil der biologischen Wirklichkeit des Frauseins und das ist in Ordnung. Gerechtigkeit kann nicht heißen müssen, dass wir unsere Natur verleugnen. Nie im Leben würden wir in anderen Bereichen auf die Idee kommen, dass ein Mensch seine natürlichen Merkmale kontrollieren können muss, um als gleichberechtigt zu gelten. Stellen wir uns vor, es gäbe eine Creme, die Haut aufhellen würde. Wir würden doch niemals glauben, dass es eine gute Lösung wäre, seine Hautfarbe zu verändern, um Nachteile oder Ungleichbehandlung zu vermeiden. Nicht die Hautfarbe ist das Problem, sondern diejenigen, die sie zum Problem machen. Warum also ist es bei der Gebärfähigkeit der Frau anders?

Gehen wir noch einen Schritt weiter und betrachten das Prinzip von Gleichberechtigung in Bezug auf die Ungeborenen: Nach deutschem Recht gelten auch sie als Träger von Menschenwürde mit Recht auf Leben und Schutz. Bezogen auf das Lebensrecht sind sie geborenen Menschen gegenüber also gleichberechtigt. Aufgrund der natürlichen Gegebenheiten sind sie dennoch geborenen Menschen gegenüber benachteiligt und nur wenige finden das ungerecht. Nun ist aber ein Kerngedanke des Feminismus, für die Rechte von Benachteiligten einzustehen, insbesondere von denen, die aufgrund starken Machtgefälles und auf Grundlage von unbeeinflussbaren Faktoren diskriminiert werden. Betrachtet man die Ungeborenen als Menschen, treffen all diese Kennzeichen auf sie zu: Sie können weder etwas für ihre Existenz, noch wird ihnen die Zeit gewährt, bestimmte Kriterien auszubilden, die sie angeblich zu vollwertigen Menschen machen. Genauso wenig können sie etwas dafür, dass der Mutterleib der einzige Ort ist, an dem sie überleben können, während sie ihrem Wohlwollen absolut ausgeliefert sind. Eine völlige Gleichstellung der beiden Individuen Mutter und Kind ist naturgemäß nicht möglich, ebenso wenig, wie es eine völlige Gleichstellung von Mann und Frau ist. Die Frage, die wir uns als Gesellschaft stellen müssen, ist jedoch, ob wir das überhaupt wollen. Liegt uns etwas daran, wirklich alle Mitglieder der Menschheitsfamilie als gleichwertig zu erachten, oder schließen wir einige von ihnen bewusst von gleichen Rechten und gleichen Chancen aus? Es schmerzt mich zu sehen, dass Frauen heutzutage über ihre eigenen ungeborenen Kinder so denken, wie Männer früher über Frauen dachten: als ihren Besitz, ihre Untergebenen, die sich aufgrund der natürlichen »Ordnung« ihrem Willen zu beugen hätten. Wie ein Slogan der *New Wave Feminists* lautet: *»Wenn unsere Befreiung unschuldige Leben kostet, handelt es sich dabei lediglich um umverteilte Unterdrückung.«*[66]

Selbstbestimmung und Freiheit

Ich nehme es der Pro-Choice-Bewegung ein wenig krumm, dass sie mir den Begriff der Selbstbestimmung durch die untrennbare Verknüpfung mit dem Thema Abtreibung so madiggemacht hat. Denn eigentlich ist Selbstbestimmung für mich persönlich ein extrem hohes Gut. Schon als Kind war ich fasziniert von Disney-Prinzessinnen wie Arielle oder Mulan, die sich weder von ihren Vätern noch von irgendwelchen Konventionen vorschreiben ließen, welchen Weg sie zu gehen hatten. Ich liebe es zu erleben, wie gerade junge Frauen ihr Schicksal in die Hand nehmen und ihren Weg selbstbewusst gehen, ohne sich von der Bewertung anderer abhängig zu machen. Der Blick auf andere Länder wie den Iran oder Afghanistan macht mir immer wieder bewusst, welch großes Privileg Selbstbestimmung ist. Leider ist die Selbstbestimmung des Individuums zum Götzen des modernen Feminismus geworden: In ihrem Namen werden bisherige Errungenschaften des Feminismus und sogar andere Frauen unter die Räder geworfen. Was ist damit gemeint?

Die Frauenrechtsbewegung hat lange dafür gekämpft, dass Frauen als gleichwertige Individuen anerkannt werden, deren Körper und Sein nicht auf Sexualität, Reproduktion und die Erfüllung häuslicher Pflichten begrenzt werden darf. Die Würde der Frau verbietet es unter allen Umständen, sie als Objekt zu behandeln und zu betrachten. Diese Würde kann auch nicht dadurch ausgehebelt werden, dass man sich »selbstbestimmt« als Objekt zur Verfügung stellt – sei es in der Prostitution, als Leihmutter oder in Form pornografischer Inhalte. Dabei geht es nicht um die Intention, die die Frau hegt, sondern um das Wesen dessen, wofür sie sich bereit erklärt: die Nutzung des Körpers der Frau für sexuelle oder reproduktive Zwecke anderer Personen. Dabei wird nicht nur suggeriert, dass die Objektifizierung der Frau in bestimmten Fällen zulässig sei, es wird darüber hinaus in Kauf genommen, dass gerade genau die Frauen für diese Zwecke ausgebeutet und missbraucht werden, für deren Schutz und Würde wir seit Jahrzehnten kämpfen: Frauen, die aufgrund mehrfacher Benachteiligung in Abhängigkeit und Nöten stehen und die deshalb aus äußerem Zwang und nicht aus Selbstbestimmung heraus handeln.

Ebenso verhält es sich beim Thema Abtreibung: Der Kampf um Selbstbestimmung über den eigenen Körper verkennt, dass er Opfer unter den weniger privilegierten Betroffenen fordert: zuallererst die Ungeborenen, die bereits aufgrund dessen, dass sie oftmals gar nicht erst als (vollwertige) Menschen anerkannt werden, im Nachteil sind. Von ihnen werden weltweit mehr Mädchen als Jungen abgetrieben und auch bei Vorliegen einer Behinderung oder Krankheit sinkt die Chance, leben zu dürfen, erheblich. Obwohl diese Tatsache natürlich auch von vielen Menschen kritisiert wird, die Abtreibung grundsätzlich für unproblematisch halten, wird sie auf Grundlage der Selbstbestimmung scheinbar dennoch billigend in Kauf genommen. Weiterhin werden die Frauen zu Opfern des Selbstbestimmungs-Narrativs, die unter Druck oder Zwang abtreiben, die nach Abtreibung leiden, denen echte Hilfe vorenthalten bleibt. Selbst wenn wir die Ungeborenen als Opfer vernachlässigen würden, wäre eine wirklich freie und selbstbestimmte Entscheidung nur dann möglich, wenn alle Faktoren eliminiert wären, die von außen auf die Schwangere einwirken. Doch wenn ein gängiges Argument für Abtreibung lautet, dass Frauen genau aus diesen Gründen einen Zugang zu Abtreibung bräuchten, liegt doch die Frage nahe, ob die Selbstbestimmung *aller* Frauen dabei wirklich im Vordergrund steht.

Auch bei den Begriffen Freiheit und Selbstbestimmung geht es letztlich darum, in welchem Rahmen diese definiert werden. Den meisten vernünftigen Menschen dürfte bewusst sein, dass sie nicht einfach bedeuten können, das tun und lassen zu dürfen, was man möchte. Wo die Freiheit und Rechte anderer Menschen gefährdet oder beschränkt werden, muss man genau hinschauen und besonders gründlich unter Beachtung aller Faktoren um gute Lösungen ringen. Diese Gründlichkeit fehlt mir bei der Debatte um Abtreibung. Es scheint nicht so wichtig zu sein, was genau die Ungeborenen sind, was bei einer Abtreibung passiert, welche Folgen sie für Frauen haben könnte: Hauptsache, die Freiheit wird diesbezüglich nicht hinterfragt. Ja, eine Schwangerschaft und die Entscheidung, ein Kind aufzuziehen, gehen mit Einschränkungen der Selbstbestimmung und der Freiheit einher. Und ja, das betrifft naturgemäß in überproportionalem Maße die Frau. Doch zum einen bedeutet die Opposition von Abtreibung ja nicht, dass es auch eine Pflicht geben sollte, sein Kind auch selbst aufzuziehen. Zum anderen ist jedem, der das Lebensrecht eines anderen Menschen anerkennt, völlig bewusst, dass die Existenz dieses Menschen im Zweifel auch persönlicher Einschränkungen würdig ist – erst recht, wenn es sich dabei um das eigene Kind handelt.

Dass es in der Praxis möglich ist, ohne die Option von Abtreibung weitgehend frei und selbstbestimmt zu leben, zeigt sich an den Menschen, die sich selbst diese Option unter keinen Umständen zugestehen. Diese Entscheidung geht in erster Linie mit Verantwortungsübernahme einher, beispielsweise indem bewusst auf möglicherweise reproduktiven Sex verzichtet wird, wenn das Austragen – oder im Fall eines Mannes das Unterstützen – einer Schwangerschaft aktuell nicht möglich oder erwünscht ist. Wenn es doch unerwarteterweise zu einer Schwangerschaft kommt, werden je nach Lebenslage Wege gefunden, um diesem Kind das Leben zu ermöglichen. Diese Entscheidungen zu treffen heißt nicht, immer den Weg des geringsten Widerstandes zu gehen. Natürlich ist diese Grundhaltung auch mit gewissen persönlichen Einschränkungen verbunden. Doch zum einen macht ein solcher Lebensstil dafür frei von anderen Dingen und zum anderen fallen diese Einschränkungen demjenigen leicht, dem bewusst ist, dass sie nie den Wert eines Menschenlebens aufwiegen könnten. An den Stellen, wo insbesondere weniger privilegierte Frauen die Last von Schwangerschaft und Kindern zu spüren bekommen, müssen natürlich gesellschaftliche und politische Maßnahmen ergriffen werden, um diese Last zu mindern.

Selbstbestimmung und Freiheit gehen untrennbar einher mit der mündigen Übernahme von Verantwortung für sich selbst und andere. In Bezug auf das Thema Abtreibung fällt Letzteres teilweise unter den Tisch. Aufgrund dessen, was eine Schwangerschaft von einer Frau abverlangt, scheint die Zurückhaltung groß, die Übernahme von Verantwortung in gleichem Maße einzufordern, wie wir es in anderen Bereichen tun. Diese Tatsache hinterlässt bei mir einen faden Beigeschmack, denn wenn Frauen genauso ernst genommen würden wie Männer, sollte ihnen doch neben denselben Rechten auch dieselbe Verantwortung zukommen. Stattdessen wird über das gelogen, was bei einer Abtreibung in Wirklichkeit passiert, und es wird als Variante von Verantwortungsübernahme verkauft, einem unschuldigen Menschen das Leben zu nehmen. Wie können wir davon sprechen, dass Abtreibung etwas mit Selbstbestimmung und Freiheit zu tun hat, wenn wir Frauen in Bezug darauf nicht einmal die Wahrheit zumuten? Freiheit bedeutet für mich, dass Staat und Gesellschaft Frauen wie Männer als mündige Bürger dazu ermächtigt, sich ihrer Verantwortung bewusst zu sein und diese mitzutragen, wo nötig.

Gewaltlosigkeit

Egal, ob man die Unterschiede zwischen Männern und Frauen auf die Biologie oder ihre jeweilige Sozialisation zurückführt, kann man feststellen, dass Frauen im Vergleich zu Männern weitaus friedliebender und Gewalt gegenüber deutlich ablehnender sind. Vermutlich hat es etwas damit zu tun, dass die meisten Männer aufgrund ihrer Physiologie Frauen leichter körperliche Gewalt zufügen können und sie deshalb besonders sensibel für diese Art der Ungerechtigkeit sind. Das Prinzip der Gewaltlosigkeit hat Menschen wie Jesus, Mahatma Gandhi oder Martin Luther King große Berühmtheit und Erfolge verschafft. Genauso waren die Kämpfe um Frauenrechte bis in jüngster Zeit stets ganz selbstverständlich vom Gedanken der Gewaltlosigkeit geprägt.

Niemand würde es einer Frau verübeln, wenn sie sich gegen einen Angreifer mit aller körperlichen Kraft wehrt. Doch die Anwendung von Gewalt gegenüber Schwächeren – gar den eigenen Kindern – passt nicht mit den Grundsätzen des Feminismus zusammen. Während manche Menschen eine ungeplante Schwangerschaft mit einer Notwehrsituation vergleichen, scheint es mir geradezu höhnisch, einen wenige Zentimeter großen, wehrlosen Embryo mit einem Aggressor oder Feind zu vergleichen. Aus Perspektive derer, die Abtreibung verteidigen, ist sie ein medizinischer Eingriff, der im schlimmsten Fall unangenehm für die Frau ist. Bei näherer Betrachtung ist sie die gewaltvolle Tötung eines kleinen Menschen.[67] Nur weil wir die Gewalt nicht unmittelbar vor Augen haben, bedeutet nicht, dass sie nicht stattfindet.

Dem Einwand, eine Frau zum Austragen einer Schwangerschaft zu zwingen, sei ebenfalls Gewalt, würde ich drei Argumente entgegensetzen: den Hinweis auf Whataboutism, die Frage nach Verhältnismäßigkeit und den Aktualitätsbezug. Eine Gewalttat wird nicht dadurch gerecht, indem sie anderen Ungerechtigkeiten gegenübergestellt wird. Weiterhin ist fraglich, inwiefern es gewalttätig und nicht vielmehr verhältnismäßig ist, zum Tragen der Konsequenzen meist eigenverantwortlichen Handelns aufgefordert zu sein. Und letztlich stehen wir aktuell hierzulande nicht vor der Frage, ob der Zugang zu Abtreibung eingeschränkt, sondern vielmehr ausgeweitet und erleichtert werden soll. Daher ist eher die Frage angebracht, inwiefern Befürworter dieser Entwicklungen die Gewalt-Frage beantworten im Hinblick darauf, dass über eine Ausweitung der Frist von Abtreibung bis zur 24. Schwangerschaftswoche diskutiert wird.

Die Schattenseiten von Abtreibung

Wie bereits unter dem Stichwort »Selbstbestimmung« angeklungen, ist Abtreibung nicht nur kein Schlüssel zu unbegrenzter Freiheit, sie bringt überdies Gefahren mit sich, die im Letzten besonders auf die Frauen zurückfallen, denen zu helfen sich der Feminismus eigentlich besonders verschrieben hat. Die Entscheidung für oder gegen ein gemeinsam gezeugtes Kind allein der Mutter zu überlassen, erleichtert es dem Mann, auch die Verantwortung dafür ganz bei ihr zu lassen. Es ist eine gemeinsame Forderung aller feministischen Strömungen, dass Männer sich ihrer Verantwortung diesbezüglich in vollem Umfang stellen sollten. Dennoch ist zu beobachten, dass das in der Realität nicht der Fall ist. Im Gegenteil: Immer wieder benutzen Männer emotionale Erpressung, um Frauen zur Abtreibung zu drängen und lassen sie alleine, sollten sie sich anders entscheiden.

Auch die zunehmende Stigmatisierung von Frauen, die außerhalb der Norm oder unter widrigen Umständen gebären, ist ein Nebeneffekt der zunehmenden Normalisierung von Abtreibung. Alleinerziehende, Mehrfachgebärende, sehr junge oder sehr alte Mütter oder Mütter in finanziellen Notlagen: Sie alle müssen sich fast schon dafür rechtfertigen, wenn sie sich für ein Kind entscheiden – erst recht, wenn es eine Überraschung war. Nicht selten werden solche Umstände gar als Argument für die Notwendigkeit von Abtreibung angeführt – wie könnte man da behaupten, diese beiden Dynamiken der Stigmatisierung und der Normalisierung stünden in keinem Zusammenhang?

Schließlich möchte ich nochmals die möglichen Folgen einer Abtreibung aufgreifen, auf die ich teilweise bereits in Kapitel 11 eingegangen bin. Fakt ist, dass Abtreibung eine Schwangerschaft nicht ungeschehen macht. Wenn die Zeit des Abbruchs und seiner direkten Nachwirkungen vorüber ist, bedeutet das nicht zwangsläufig, dass alles wieder wird wie vorher. Möglicherweise wird der Abbruch Auswirkungen auf die Beziehung zum Partner haben, vielleicht wird die Frau mehr oder weniger starke psychische Belastung erfahren, es ist aber genauso möglich, dass sie schnell wieder im Alltag ankommt. Egal wie eine Betroffene den Konflikt im Nachhinein bewertet, wird sie sich wahrscheinlich noch lange daran zurückerinnern. Im Sinne dessen, dass jede Frau in ihrem Erleben ernst genommen wird, plädiere ich dafür, dass jede Art von Verarbeitung oder Folge eines Schwangerschaftsabbruchs ernst genommen und gehört wird. Die Normalisierung von Abtreibung darf nicht dazu führen, dass die Erfahrung von Frauen, die Abtreibung als negatives und belastendes Ereignis wahrgenommen haben, relativiert oder kleingeredet wird. Wem es ernst ist mit dem Wohl aller Frauen, der darf diese Betroffenen nicht der Agenda zum Opfer fallen lassen.

Perspektivwechsel

Der Slogan »My body, my choice« geht oftmals mit der Vorstellung einher, dass es in der Abtreibungsdebatte darum ginge, Macht über den Körper von Frauen auszuüben oder diese zu kontrollieren. Dabei ist die Annahme, Frauen seien dadurch zu kontrollieren und »kleinzuhalten«, dass sie Kinder bekommen, ein zutiefst frauenfeindlicher Gedanke, denn er basiert ja auf der Prämisse, dass Frauen mit Kindern nicht in gleichem Maße erfolgreich sind oder sein können wie Frauen ohne Kinder. Es ist wahr, dass Mütter statistisch gesehen im wirtschaftlichen Sinn geringere »Erfolge« erzielen als Männer – selbst dann, wenn sie Väter sind. Doch wer bestimmt denn, dass wirtschaftliche und berufliche Leistung der Maßstab für das sind, was wir unter Erfolg verstehen? Anstatt einen eigenen, weiblichen Maßstab dafür zu etablieren, was Erfolg bedeutet, ordnet sich die moderne Frau oftmals den Maßstäben des Mannes unter und vergleicht ihre Errungenschaften mit denen von Männern. Kein Wunder, dass man sich da zurückgesetzt und kleingehalten fühlt. Ich möchte an dieser Stelle zu einem Perspektivwechsel einladen. Frau zu sein und als Frau erfolgreich zu sein, kann alles Mögliche bedeuten. Es muss nicht automatisch bedeuten, sich an dem zu orientieren, was uns eine von Männern geprägte Gesellschaft über Jahrzehnte hinweg vorgelebt hat. Und wenn wir dann auch auf sozialpolitischer Ebene an einem Punkt angelangen, an dem auch die Lebensentwürfe finanziell wertgeschätzt werden, die nicht berufliche Leistung als Maßstab für Erfolg definieren, dann wäre die Aussicht darauf, Mutter zu werden, sicher weniger angstbesetzt, als sie es aktuell ist.

Pro-Life-Feminismus bedeutet für mich nicht, sich feministischer Sprache zu bedienen und ansonsten alles zu machen wie sonst auch. Pro-Life-Feminismus ist das, was Feminismus schon immer war: eine Rebellion gegen etablierte Muster und Systeme – sowohl in der Gesellschaft als auch innerhalb der Lebensschutzbewegung. Pro-Life-Feminismus ist für viele unbequem, weil er sich nirgends wirklich einordnen lässt. Er biedert sich niemandem an und ist dennoch immer offen für Dialog. Er hält Dissonanzen aus und blickt gleichzeitig auf das, was in der Vielfalt eint, zuallererst die Wertschätzung eines jeden Menschenlebens und seiner Würde.

Welchen Platz nehmen wir als Frauen ein?

Eine Idee des Feminismus war und ist es, dass wir Frauen den Platz für uns beanspruchen, der uns zusteht. Nachdem uns jahrhundertelang Plätze in der zweiten Reihe zugewiesen wurden, wollen wir nun, den Männern ebenbürtig, Gesellschaft mitgestalten. Dabei stimmt mich eine Widersprüchlichkeit nachdenklich, die beim Thema Abtreibung auf besondere Weise zutage tritt: die Selbst-Viktimisierung von Frauen im und durch den Feminismus. Sich selbst und Frauen allgemein permanent in der Opferrolle zu sehen, was uns letztlich wahrscheinlich weiter zurückwirft, als es uns voranbringt. Einerseits sind wir emanzipiert und selbstbestimmt, andererseits werden wir von allen möglichen Seiten begrenzt und diskriminiert. Ja, was denn nun? Ich habe nichts gegen Widersprüchlichkeiten, die gehören zum Leben dazu. Doch es schneidet sich ins eigene Fleisch, wer sich nur die Kirschen der Emanzipation herauspickt.

Ich spreche beispielsweise davon, dass privilegierte junge Influencerinnen ohne nennenswerte Qualifikationen das Meinungsbild junger Menschen mittlerweile stärker beeinflussen als so manche Tageszeitung, während sie Kritik oder unliebsame Kommentare direkt blockieren oder/und darauf zurückführen, dass sie eine Frau sind. Oder von der Tendenz, alles inakzeptabel bis gefährlich zu finden, was modernen feministischen Denkweisen widerspricht. Im Hinblick auf Abtreibung äußert sich diese Denkweise, im Glauben nur dann frei und selbstbestimmt zu sein, wenn man das Recht hat, seine eigenen ungeborenen Kinder zu unterdrücken. Es passt nicht zusammen, einerseits zu glauben, Frauen seien mündig und kompetent, und sie gleichzeitig von der Verantwortung über eigenverantwortlich in die Welt gebrachtes Leben freizusprechen. Wer diesen Umstand anprangert, ist böse und selbstverständlich ein Frauenhasser. Nicht einmal als Frau darf ich Rechenschaft von anderen Frauen verlangen, solange sie sich (unabhängig von der Sachlage) als Opfer fühlen, sonst betreibe ich Victim Blaming oder schade dem Zusammenhalt unter Frauen. Würden wir nicht ernster genommen, wenn wir auch als Frauen einander zur Rechenschaft ziehen würden, anstatt uns in unsere Blase zurückzuziehen und den Blick nach außen zu verschließen?

Wenn wir Frauen uns in der Lage zu selbstbestimmtem und verantwortlichem Handeln sehen, dann nehmen wir diese Position doch auch konsequent ein! Diese Haltung, mit der wir uns selbst zum Opfer machen, birgt nicht nur die Gefahr einer selbsterfüllenden Prophezeiung. Sie lenkt auch den Blick weg von denen, die wirklich Opfer sind, die benachteiligt und marginalisiert werden, aber kein ebenso starkes Sprachrohr haben wie die anderen 50 Prozent der weiblichen Bevölkerung. Ich möchte damit nicht sagen, dass es keine Ungerechtigkeiten gegenüber Frauen mehr gäbe, die gibt es noch zuhauf. Ich plädiere schlicht und ergreifend dafür, dass wir da genau hinschauen, wo es wirklich ungerecht zugeht, aber auch da zur Rechenschaft ziehen, wo der Opferstatus von Frauen ungerechtfertigt in Anspruch genommen wird.

Fazit: Pro-Life-Feminismus nimmt die Frau radikal ernst. Er würdigt biologische Gegebenheiten und zwängt Frauen dennoch nicht in Rollenbilder oder Lebensentwürfe. Freiheit und Selbstbestimmung werden nicht im Widerspruch zum Lebensrecht der Ungeborenen gesehen. Pro-Life-Feminismus erkennt an, dass Nöte und Ungerechtigkeiten dazu führen, dass eine Schwangerschaft nicht immer mit Freude und Sorglosigkeit verbunden ist. Gleichzeitig sieht er die Frau nicht als Opfer ihrer Umstände. Sie ist mündiger Akteur, der mit allem Rückhalt von Staat und Gesellschaft die Verantwortung tragen kann, die natürlicherweise mit der Fähigkeit einhergeht, schwanger zu werden.

KURZ UND KNAPP

»Das stimmt nicht. Ich bin für den Schutz der Ungeborenen, gerade *weil* mir etwas an Frauen liegt. Ich sehe gelebte Selbstbestimmung und Freiheit jedoch nicht darin verwirklicht, das Lebensrecht des eigenen Kindes zu beschneiden.«

- Was bedeutet Gleichberechtigung für dich und wo hat sie ihre Grenzen?

14. »Abtreibung ist ein Menschenrecht«
Reproduktive Rechte und der Schrecken von Schwangerschaft

Varianten: »Nicht schwanger sein zu wollen genügt als Grund für eine Abtreibung«, »Man kann doch eine Frau nicht dazu zwingen, eine Schwangerschaft durchzumachen«, »Es ist unmenschlich, ungewollt eine Schwangerschaft und Geburt durchleben zu müssen«, »Ich würde mich eher umbringen, als schwanger zu sein«.

Die Normalisierung von Abtreibung geschieht im Zuge der Ausweitung »reproduktiver Rechte«, mit denen die Selbstbestimmung darüber gemeint ist, ob und unter welchen Bedingungen man sich fortpflanzen möchte. In ihrem Sinne ist der Wunsch, nicht schwanger zu sein, Grund genug für eine Abtreibung. Je stärker das Ansinnen der Normalisierung in das Zentrum der Debatte gerückt wird, desto weniger Wirk- und Aussagekraft haben Sätze wie »Niemand macht sich eine Abtreibung leicht«. Diese Aussage hört man oftmals von verschiedenen Seiten, doch letztlich dient sie weder dem einen noch dem anderen Narrativ. Sie ist ein Versuch, die Wirklichkeit zu beschreiben, was mit Absolutismen fast nie gelingt. Es gibt durchaus Frauen, auf die das nicht zutrifft, und im Zuge der Normalisierung ist das auch gar nicht problematisch. Im Gegenteil: Abtreibung *soll* leicht werden – warum sollte auch etwas dagegensprechen, wenn man sie für ethisch unbedenklich hält? Vielmehr noch: Auf internationaler Ebene gilt der Zugang zu Schwangerschaftsabbrüchen teilweise als Menschenrecht.

Die reproduktiven Rechte basieren aus meiner Sicht auf einem richtigen und einem falschen Kerngedanken. Richtig ist, dass jeder Mensch das Recht und die Möglichkeiten haben sollte, eigenverantwortlich und auf sein Leben angepasst zu bestimmen, wann, mit wem und in welchem Umfang er oder sie Kinder haben möchte. Für falsch halte ich den Gedanken, dass dieses Recht der Erwachsenen auf Kosten der Grundrechte der Kinder erwirkt werden darf. Dennoch werden im Namen der reproduktiven »Gerechtigkeit« Kinder hergestellt und entsorgt, wie es den Erwachsenen passt. Das beginnt damit, dass die Ungeborenen überhaupt gar nicht erst als Menschen definiert werden, sonst wäre das Ganze natürlich schwieriger zu rechtfertigen.

Es ist naheliegend, warum das Argument der reproduktiven Rechte für diejenigen, die Abtreibung für unbedenklich halten, ein zentraler Aspekt der Debatte ist. Sie argumentieren, dass die Notwendigkeit zur Abtreibung bestehe, solange das Risiko einer Schwangerschaft besteht. Oftmals wird dabei kritisiert, dass der Zugang zu Sterilisation so schwer sei und dass man sich doch mal dafür einsetzen solle, dass sich das ändert. Während es aus medizinischer Sicht gewisse Bedenken gibt und ich auch einen Arzt verstehen kann, der seine Aufgabe nicht darin sieht, ein funktionsfähiges Organ funktions*un*fähig zu machen, würde ich persönlich dieses Anliegen nach meinem aktuellen Kenntnisstand befürworten. Wer einfach nicht schwanger sein möchte, sollte diese Entscheidung für sich treffen dürfen, ohne dabei einen anderen Menschen zu schädigen.

Der Aussage, dass Abtreibung ein Menschenrecht ist, würde ich zwei Einwände entgegenstellen. Erstens geht reproduktive Selbstbestimmung nicht zwangsläufig mit der Notwendigkeit zur Abtreibung einher – sie tut es nur dann, wenn man davon ausgeht, dass jeder Mensch Anspruch auf potenziell reproduktiven Sex hat. In diesem Kontext bin ich schon den abenteuerlichsten Argumentationen begegnet, wie der Aussage, dass Sex deshalb eine Notwendigkeit und ein Recht sei, weil es sonst mehr Vergewaltigungen gäbe. Ich gehe davon aus, dass es sich hierbei um eine unüberlegte Äußerung handelt, die nicht das repräsentiert, was die Mehrheit denkt. Es ist dennoch keine Selbstverständlichkeit, dass es so etwas wie einen Anspruch auf konsequenzlosen Sex nicht gibt. Wahrscheinlich würden die meisten Menschen dem zustimmen, dass Sex immer mit einem gewissen Grad der Verantwortung einhergeht. Dass diese gerade bei einem Menschenleben aufhören soll, leuchtet mir persönlich nicht ein. Zweitens sind die Gründe für eine Abtreibung – und da stimme ich mit der Gegenseite überein – im Grunde für die Kernfrage irrelevant. Egal, ob man die Menschlichkeit der Ungeborenen oder die körperliche Autonomie der Schwangeren in den Vordergrund seiner Argumentation stellt, ändern die Gründe für einen Schwangerschaftsabbruch nicht viel am Ergebnis der ethischen Bewertung. Es ist dann wichtig, über die Gründe zu sprechen, wenn es um Prävention und Unterstützungsmöglichkeiten für ungeplant Schwangere geht.

Es gibt eine Bewegung von Menschen, die das Argument »Manche möchten einfach nicht schwanger sein« auf ein ganz anderes Niveau heben: den *Antinatalismus*. Diese Menschen sprechen sich dafür aus, keine Kinder in die Welt zu setzen. Nach ihrer Ansicht ist die Ablehnung von Reproduktion nicht nur eine persönliche Entscheidung, sondern geradezu ethisch geboten. Angesichts der Katastrophen und Ungerechtigkeiten dieser Zeit, im Hinblick auf Klimawandel und Kriege, sehen sie es als unverantwortlich an, neues Leben in die Welt zu setzen. Es sei regelrecht egoistisch, weitere Menschen in diese Welt zu setzen und ihr dadurch noch mehr »Ressourcenfresser« zuzumuten. Ganze Bücher befassen sich mit dieser Philosophie genauso wie mit der Kritik daran. Wer damit für die Notwendigkeit zu Abtreibung argumentiert, mit dem ist es schwierig, überhaupt irgendeine Gemeinsamkeit oder Übereinstimmung zu finden. Wenn schon der Mensch an sich nicht als schützenswert, sondern als Gefahr erachtet wird, dann ist Abtreibung folgerichtig nicht nur ein notwendiges Übel, sondern etwas Gutes, Erstrebenswertes.

Gefahren und Risiken von Schwangerschaft und Geburt

Die Angst vor oder die Ablehnung von Schwangerschaft und Geburt sind weitere Aspekte, die manchmal begründen, dass Frauen einfach nicht schwanger sein möchten. Zunächst scheint es dazu nicht viel zu sagen zu geben, denn es ist ja wahr, dass Schwangerschaft und Geburt mit gewissen Risiken und Veränderungen verbunden sind. Es ist auch wahr, dass Mutterschaft teilweise glorifiziert wird und die negativ wahrgenommenen Aspekte an ihr fast schon tabubehaftet sind – zumindest war das lange Zeit so. Mittlerweile hat sich das zumindest auf Social Media gewandelt. Das geht so weit, dass Frauen offen über ihre Reue sprechen, Mutter geworden zu sein (»Regretting Motherhood«) und das in manchen Kreisen auch als nichts Schlimmes erachtet wird. Während ich gut nachvollziehen kann, woher solche Gedanken kommen, halte ich »bereuen« für ein sehr starkes Wort und sorge mich darum, ob die Kinder dieser Mütter das wohl spüren. Es geht zwar nicht um die Ablehnung der eigenen Kinder, sondern eher der Mutterrolle an sich. Dennoch sind es ja die Kinder, die eine Frau zur Mutter machen, und ich bezweifle, dass Kinder oder auch Jugendliche hier ausreichend differenzieren können. Was vielen Müttern aber grundsätzlich guttut, ist die Erkenntnis, dass auch negative Gefühle zu Mutterschaft dazugehören und in Ordnung sind, solange man sie nicht an den Kindern auslässt. Es entlastet viele Mamas zu wissen, dass sie mit ihrer Wahrnehmung in guter Gesellschaft sind und nicht deshalb gleich eine schlechte Mutter sind, weil sie nicht alles daran toll finden.

In meinen Augen ist das aber keine Thematik, die spezifisch Mütter oder Frauen betrifft. Alles im Leben ist risikobehaftet, hat negative Aspekte und manchmal unabsehbare Konsequenzen – und auch in anderen Bereichen blickt man lieber auf das Positive. Manchmal sogar in ungesund hohem Grad. Ich denke, es gilt, eine Balance zu finden, alle Seiten von Mutterschaft realistisch zu vermitteln und auch verschiedene Wahrnehmungen derselben Sache als normal zu verstehen. Was ich jedoch entschieden ablehne und für zutiefst frauenfeindlich erachte, ist, wenn Schwangerschaft und Geburt unverhältnismäßig negativ und gefährlich dargestellt werden. Ich bin darauf bereits kurz eingegangen, es scheint mir aber so wichtig, dass ich es nochmals aufgreifen möchte: Fruchtbarkeit, Schwangerschaft und Geburt sind ganz natürliche Teile des Frauseins. Sie sind nicht in sich schlecht oder gefährlich. Komplikationen und Risiken, die sie mit sich bringen, führen heutzutage dank des technischen und medizinischen Fortschritts selten zu lebensbedrohlichen Gefahren für Mutter und Kind. Dass sich das Leben und auch der Körper durch Kinder verändern, ist unbestritten. Gleichzeitig sind Veränderungen ein normaler Teil des Lebens. Wer all dies als Gefährdung für Gleichberechtigung erachtet, sieht die Natur der Frau als fehlerhaft an, was sie in meinen Augen abwertet. Dies führt zur Ängstigung und Selbstverdammung von Frauen, was ja nicht das Ziel derer sein kann, die Frauen stärken wollen. Deshalb: Ja, Schwangerschaft, Geburt und Mutterschaft machen etwas mit einer Frau. Wer glaubt, jeden Aspekt seines Lebens kontrollieren zu können, lebt aber in einer Illusion. Bestärken wir Frauen darin, Mutterschaft selbstbestimmt und frei zu leben, anstatt auf Kosten eines Menschenlebens diese Illusion aufrechterhalten zu wollen.

Lieber tot als schwanger?

Dass die Ängste vor Schwangerschaft bereits tief sitzen, zeigt die Tatsache, dass immer wieder Frauen von sich sagen, sie würden sich umbringen, hätten sie im Fall einer Schwangerschaft nicht die Möglichkeit einer Abtreibung. Man kann aus der Ferne meist nicht beurteilen, wie viel Ernsthaftigkeit in so einer Aussage steckt und ob es im Fall der Fälle wirklich so wäre. Ich habe großes Bedauern für Menschen, die tatsächlich so empfinden. Wem Schwangerschaft so viel Angst macht, dass er lieber sein Leben beenden würde, als sie auszutragen, würde ich definitiv eine Therapie ans Herz legen. Ich würde aber vermuten, dass nicht jede Frau, die diese Aussage macht, das in die Tat umsetzen würde. In diesen Fällen halte ich die Verwendung dieses Arguments für sehr unangebracht, da es zum einen den Anklang von Erpressung hat und zweitens despektierlich gegenüber Menschen ist, die tatsächlich mit Suizidgedanken zu kämpfen haben. Die emotionale Aufladung der Debatte darf nicht dazu führen, dass echte psychische Krisen als Vorwand für eine politische Agenda dienen.

Fazit: Die Stärkung sogenannter »reproduktiver Rechte« steht in logischem Zusammenhang mit der Normalisierung von Abtreibung. Gleichzeitig wird Mutterschaft und alles, was damit zusammenhängt, zunehmend problematisiert. Es ist fraglich, ob das langfristig zur Bestärkung der Frau beiträgt.

KURZ UND KNAPP

»Ich stimme dir zu, dass jeder Mensch frei darüber entscheiden können sollte, ob und wann er sich fortpflanzen möchte. Gleichzeitig darf das nicht auf Kosten eines unschuldigen Menschen geschehen. Am besten wäre es natürlich, dass es gar nicht erst so weit kommt.«

- Was macht in deinen Augen ein Menschenrecht aus?
- Welches Bild von Mutterschaft hast du?

What not to say

Weniger hilfreiche Argumente

»Sie haben vorhin gesagt, wenn jemand ein Kind abtreibt, dann hat die Person kein Herz.«

»... ja ...«

»Ich habe ein Kind abgetrieben. Würden Sie sagen, ich hab kein Herz?«

Betretenes Schweigen. »Jetzt haben Sie mich auf dem verkehrten Fuß erwischt.«

Dieses Gespräch zwischen einer jungen Reporterin und einem älteren Herrn auf dem Weg zu einer Demonstration für den Lebensschutz entstammt einer Reportage des Funk-Kanals »Y-Kollektiv«.[68] Als ich diesen Ausschnitt sah, war mein erster Gedanke: Beide Seiten dieses Gesprächs sind der Grund, warum ich mit meinem Aktivismus begonnen habe.

Überzeugungskraft und Diskussionsfähigkeit bestehen nicht nur darin, was man sagt, sondern auch in dem, was man nicht sagt. Das hat nichts damit zu tun, dass man bestimmte Dinge nicht sagen *dürfte* oder *sollte*. Es geht schlichtweg darum, ob das Gesagte auch beim Gegenüber ankommt und überhaupt die Bereitschaft besteht, dass mir weiter zugehört wird. Jeder kennt es aus irgendeinem Bereich: Manchmal reicht ein einziges Stichwort aus und man schaltet direkt ab, weil das, was gesagt wurde, die eigene Toleranzgrenze überschreitet. Da können noch so viele Fakten auf dem Tisch liegen: Wenn sich der Zuhörer oder Diskussionspartner angegriffen, nicht abgeholt oder genervt fühlt, wenn kein Verständnis für die eigene Lebensrealität da ist, wird eine Botschaft niemals durchdringen.

Auch in der Debatte um Schwangerschaftsabbrüche gibt es eine Menge Stolperfallen. Aufgrund der emotionalen Aufladung der Thematik wird man es nie schaffen, gar niemanden vor den Kopf zu stoßen. Mit ein bisschen Feingefühl und gutem Willen können aber durchaus konstruktive Gespräche zustande kommen. Es gibt jedoch einige Aussagen, die ein Scheitern des Austauschs fast schon garantieren. Drei davon stelle ich im Folgenden vor. Dabei geht es nicht einfach nur darum, bestimmte Sätze zu vermeiden, sondern ein Gefühl dafür zu entwickeln, welche Art von Aussagen im Diskurs hilfreich sind und welche nicht.

1. »Einfach mal verhüten«

Schuldzuweisungen und Pauschalisierungen sind ein No-Go

Wer sich in die Kommentarspalte unter einem Posting zum Thema Abtreibung wagt – dazu kann nur ausgeschlafen und in stabiler Verfassung geraten werden –, der wird mit hoher Wahrscheinlichkeit einem Spruch begegnen, der Gegner wie Befürworter von Abtreibung gleichermaßen in Rage versetzt: »Selber schuld, wenn man zu dumm zum Verhüten ist.« Was für manche wie ein Statement erscheint, das vonseiten des Lebensschutzes getätigt werden könnte, ist ein trauriges Zeugnis dessen, dass sich der Sprecher weder mit Verhütung noch mit der Realität von Schwangerschaftskonflikten besonders gut auskennt.

Ohne in Zweifel ziehen zu wollen, dass es Fälle gibt, in denen Abtreibung als eine Art »Verhütung« benutzt wird, zeichnen Untersuchungen ein ganz anderes Bild: Rund 40 bis 50 Prozent der Frauen, die ungeplant schwanger wurden bzw. eine Abtreibung durchführen ließen, hatten eine Form der Verhütung angewendet[69]. Dies ist der Tatsache geschuldet, dass selbst bei korrekter Anwendung kein Verhütungsmittel zu 100 Prozent sicher ist. Selbst bei einer Vasektomie (Sterilisation des Mannes) bleibt ein Restrisiko bestehen, doch ein Kind zu zeugen. Der Gebrauch von Verhütungsmitteln entledigt in meinen Augen dabei keinesfalls von der Verantwortung für das gezeugte Leben – doch Schuldzuweisungen unterstellen eine Unvernunft – meist aufseiten der Frau –, die so pauschal sicher nicht zutrifft. Solche Aussagen spiegeln die Ungerechtigkeit wider, die Frauen im Laufe der vergangenen Jahrzehnte trotz – oder gerade aufgrund – der (angeblichen?) sexuellen Befreiung anhaftet. Diese liegt nicht darin, dass Frauen schwanger werden können und Männer nicht. Sondern darin, dass das moderne Verständnis von Sexualität es Männern leicht macht, sich vor der Übernahme von Verantwortung zu drücken.

In diese Kategorie von Aussagen gehört auch das vorher zitierte Statement des Herren in der Y-Kollektiv-Reportage: »Frauen, die abtreiben, haben kein Herz.« Solche Aussagen, die man genauso herzlos finden kann, zeugen ebenfalls davon, dass der Sprecher die Realität von Schwangerschaftskonflikten nicht aus eigener Erfahrung kennt oder sich damit noch nie ausgiebig beschäftigt hat. Ein solches Statement verkennt, wie groß der Druck und die Belastung sind, die ein Schwangerschaftskonflikt mit sich bringt. Es basiert auf der Prämisse, dass die Schwangere sich dessen voll und ganz bewusst ist, dass das Ungeborene ein Mensch mit Wert und Würde ist. Ich bin hingegen davon überzeugt, dass die Beschönigungen und Verharmlosungen der vergangenen Jahrzehnte bei vielen ihren Dienst getan haben. Und nicht zuletzt verschiebt eine solche Aussage die Verantwortung einmal mehr unverhältnismäßig stark auf die Frau. Natürlich ist es sie, die am Ende die Entscheidung trifft. Doch für die meisten ist es eine Entscheidung aus der

Not heraus, manchmal sogar entgegen dem eigenen Herzen. Das bedeutet nicht, dass sie richtig ist. Aber das macht die Betroffene nicht zum Unmenschen. Im Gegenteil. Jede Frau sollte wissen, dass nichts auf dieser Welt sie im Letzten ihrer Würde berauben kann – auch nicht die Entscheidung zum Schwangerschaftsabbruch.

Fazit: Herabwürdigungen, Verurteilungen und unbegründete Annahmen verletzen nicht nur Betroffene, sie zeugen auch von einem großen Unverständnis der Realität. Wer sachlich und konstruktiv diskutieren will, verfehlt mit solchen Aussagen sein Ziel.

- Welche Aussagen, die in diese Kategorie gehören, sind dir schon mal begegnet?
- Was würdest du jemandem entgegnen, der so etwas äußert?

2. »Abtreibung ist Sünde«

Warum wir den Glauben in der Diskussion gar nicht brauchen

Als ich im März 2023 den Münchner Marsch für das Leben besuchte, fiel mir im Demonstrationszug ein älterer Herr auf, der ein handgeschriebenes Transparent mit den Worten »Du sollst nicht morden« trug. Es war schwarz mit gelber Schrift, die den Passanten und Gegendemonstranten förmlich ins Gesicht leuchtete. Obwohl es nicht das einzige solcher Schilder war, entfachte dieses meinen Ärger so sehr, dass ich das Gespräch mit dem Träger suchte. Ich versuchte ihm zu erklären, was ich an seinem Schild problematisch fand. Er blieb jedoch der Überzeugung, dass es eine richtig gute Idee sei, das fünfte Gebot in genau dieser Wortwahl zu proklamieren. Wenn ich schon bei ihm nicht wirklich auf Verständnis stieß, so soll besagtes Banner doch wenigstens dazu dienen, an dieser Stelle meinen Appell an alle gläubigen Verfechter des ungeborenen Lebens zu verdeutlichen.

Man muss nicht unbedingt Psychologie studiert haben, jedoch ein gewisses Maß an Einfühlungsvermögen besitzen, um sich vorstellen zu können, was ein Satz wie »Du sollst nicht morden« im Kontext einer Anti-Abtreibungs-Demonstration bewirkt. Im günstigsten Fall – wenn ein Passant einfach nur mit den Augen rollt und dann seines Weges zieht – wird er einfach nichts bewirken. In allen anderen, weitaus weniger günstigen Fällen werden die Lesenden entweder in ihrer Ablehnung gegenüber Lebensschützern und ihrem Anliegen bestärkt oder/und sich sogar noch verurteilt fühlen. Den meisten Christen dürfte klar sein, dass nichts davon im Sinne Jesu wäre. Und jemanden mit dieser Botschaft tatsächlich zum Nachdenken zu bringen halte ich persönlich für etwa so wahrscheinlich wie das Zustandekommen einer Beziehung durch plumpes Hinterherpfeifen auf der Straße.

Herzen berühren anstatt überstülpen

Für das *Wie* in der Kommunikation über Abtreibung lade ich meine Glaubensgeschwister dazu ein, es genau in der Art und Weise zu tun, wie sie auch anderen von ihrem Glauben erzählen: in Klarheit, Wahrheit und Liebe, ohne Druck, ohne Verurteilung und in einer Sprache, die mein Gegenüber versteht und die bei ihm ankommt. Man könnte auch darüber nachdenken, welche Sprache und Verhaltensweisen einen selbst dazu bringen, einem Menschen zuzuhören und mehr über seine Sache wissen zu wollen. Man stelle sich vor, jemand würde einen davon überzeugen wollen, dass vegane Ernährung eine gute Sache ist. Was würde es in uns auslösen, wenn wir auf einem Transparent die Worte »Fleischfresser sind Mörder« lesen würden? Völlig unabhängig vom Wahrheitsgehalt dieser Aussage würde sie bei den meisten Menschen wohl eher Reaktanz und Ablehnung hervorrufen, als irgendeine Art von Veränderung zu bewirken. So ist es auch beim Thema Abtreibung: Wie wir sprechen, wirkt sich darauf aus, ob uns zugehört wird. Wenn wir uns in unserer Blase nur gegenseitig zuhören, können wir niemanden zum Nachdenken anregen und auf Dauer nichts bewirken. Als Faustregel für die Wahl der Sprache hat sich für mich der Grundsatz bewährt: Sprich so, als würde eine betroffene Person zuhören oder mitlesen – was ja durchaus der Fall sein kann.

Doch natürlich hat auch das, *was* wir sagen, welche Argumente wir verwenden, einen Einfluss darauf, ob unser Gegenüber zum Nachdenken angeregt wird und welchen Eindruck wir bei ihm hinterlassen. Und auch an dieser Stelle möchte ich dazu einladen, ein Gedankenexperiment zu wagen: Nehmen wir an, zwei Personen wollten dich liebevoll davon überzeugen, dass du dich besser von deinem Partner trennen solltest. Die eine Person erklärt dir, eure Sternzeichen würden nicht zusammenpassen, was langfristig dazu führe, dass eure Auren auf unterschiedlichen energetischen Frequenzen schwingen würden.[70] Die zweite Person legt dir dar, warum sie den Eindruck hat, dass dein Partner dich schlecht behandelt und er oder sie dir nicht guttut. Falls du mit Esoterik genauso wenig Berührungspunkte hast wie ich, wird dich Person 1 aus einem einzigen Grund nicht beeindrucken können: weil du ihre Prämissen nicht teilst. Genauso ist es beim Thema Abtreibung und im Grunde genommen bei allen anderen Themen: Wer die Notwendigkeit zum Schutz des ungeborenen Lebens biblisch begründet, kann nicht davon ausgehen, bei Menschen Anklang zu finden, die die Bibel nicht als Autorität akzeptieren. Warum sollten sie die Prinzipien eines Gottes achten, an den sie nicht glauben? Die gute Nachricht ist: Es ist gar nicht notwendig, so zu argumentieren. Dir ist vielleicht nicht entgangen, dass der Glaube an Gott bisher kaum in diesem Buch vorkam. Was es braucht, ist der Glaube an die Menschenwürde und daran, dass sie ausnahmslos allen Menschen innewohnt. Doch diesen Glauben finden wir bei weitaus mehr Menschen vor als den an einen transzendenten Gott.

Du musst deinen Glauben nicht leugnen

Mir ist wichtig, an dieser Stelle zu betonen, dass es weder darum geht, seinen Glauben zu verleugnen, noch darum, nicht das auszusprechen, was man als Wahrheit erkannt hat. Ich habe manchmal den Eindruck, dass sich viele überzeugte Christen dazu verpflichtet fühlen, ihren Glauben insbesondere im gesellschaftlichen Diskurs permanent sichtbar machen zu müssen. Es spricht auch nichts dagegen, sich zum Christentum oder jeder anderen Weltanschauung zu bekennen. Die Frage ist, ob eine Gesellschaft Einflüsse und Veränderungen annehmen kann, die nur unter ganz bestimmten Voraussetzungen nachvollziehbar sind. Es gibt also zwei Möglichkeiten: abzuwarten, dass Menschen zum Glauben an Gott finden, oder eine Argumentationsgrundlage zu wählen, die die Mehrheit der Bevölkerung teilt. Auch wenn Ersteres wünschenswert ist, sollten wir grundsätzlich dazu in der Lage sein, Zweiteres umzusetzen – auch um unseres Glaubens willen. Ein Christ, der emotionale und kognitive Empathie – also Einfühlungsvermögen und die Fähigkeit zum Perspektivwechsel – zeigt, ist sicher ein beeindruckenderer Glaubenszeuge als jemand, dessen Horizont auf die eigene Erfahrungswelt beschränkt ist. Hinzu kommt, dass nicht einmal alle Christen auf Grundlage der Bibel zu denselben Ergebnissen und Ansichten gelangen. Wenngleich ich der Überzeugung bin, dass der Schutz der Ungeborenen ein zutiefst biblisches Anliegen ist, reichen dennoch einzelne aus dem Zusammenhang gerissene Bibelverse nicht aus, um ein tragfähiges Argument zu bilden.

Pro Life ist für alle da

Wenn wir in der Abtreibungsdebatte den Glauben zur Grundlage machen, schließen wir aber auch all jene aus, die den Schutz der Ungeborenen für wichtig halten, aber einen anderen Glauben oder eine andere Weltanschauung haben. Das schwächt die Bestrebungen zum Lebensschutz enorm. Es gibt sicher viele Menschen, die grundsätzlich gerne Fürsprecher der Ungeborenen wären, aber die sich nicht mit der Bewegung identifizieren können, weil sie den christlichen Glauben nicht teilen. Wem es aber darum geht, wirklich eine Veränderung zu bewirken, anstatt nur seine Meinung zu ändern, dem kann das nicht egal sein. Jeder Mensch, der die Überzeugung teilt, dass die Würde und das Leben des Menschen von Anbeginn seiner Existenz an schützenswert sind, ist eingeladen, dafür einzustehen – egal, wie er oder sie zu dieser Überzeugung gelangt.

Nach Jesu Vorbild

Der Eifer, den viele Christen für die Wahrheit ihres Glaubens an den Tag legen, ist bewundernswert. Gleichzeitig sind wir dazu eingeladen, die Spannungen auszuhalten, die unser Glaube und ihr Fundament, die Bibel, in sich bergen. Das Hohelied der Liebe im ersten Korintherbrief (1. Kor 13,1-13) spricht unter anderem von diesen Spannungen: Die Liebe freut sich an der Wahrheit. Doch alle Wahrheit nützt nichts, wenn sie lieblos daherkommt. Die Liebe erfreut sich nicht am Unrecht, aber sie ereifert sich nicht. Jesus selbst warf die Händler aus dem Tempel, aber er aß auch mit den Sündern. Das Thema Abtreibung ist eine fantastische Gelegenheit, um dieses biblische Spannungsverhältnis in die Tat umzusetzen. Die Würde eines jedes einzelnen Menschen von Anbeginn seiner Existenz an zu verteidigen und gleichzeitig die Nöte ungewollt Schwangerer ernst zu nehmen, ist auch für Christen kein Widerspruch. Wir alle sind dazu eingeladen, das immer besser zu verstehen und zu leben.

- In welcher Beziehung stehen dein Glaube und deine Überzeugung bezüglich Abtreibung zueinander?
- Wie gestaltet sich das biblische Spannungsverhältnis für dich persönlich?

3. »Ich kenne eine Frau, die ...«

Einzelfälle sind kein Beleg

Es ist keine waghalsige Behauptung, dass jeder Mensch irgendeinen persönlichen Berührungspunkt mit den Themen Schwangerschaftskonflikt, problembehaftete Schwangerschaft oder Abtreibung hat – ob man davon weiß oder nicht. Dabei liegt es in der Natur der Sache, dass man eher von den Geschichten weiß, in denen das Kind am Ende leben durfte. So ist es nicht verwunderlich, dass solche Einzelschicksale gerade von denen, die sich für den Schutz des ungeborenen Lebens aussprechen, gerne beispielhaft hervorgebracht werden. Es sind rührende Schicksale von Eltern, die sich entgegen aller ärztlichen Ratschläge für das Leben ihres kranken Kindes entschieden haben. Von Teenager-Müttern, die allen gesellschaftlichen Konventionen zum Trotz auf ihr Herz hörten. Von Frauen, die an einer Abtreibung zerbrachen und dadurch erkannten, welch großes Unrecht sie begangen hatten. All diese Geschichten sind wichtig und müssen gehört werden. Doch handelt es sich immer um persönliche Schicksale – und damit um keine Argumente in einer gesellschaftlichen Debatte. Sie zeigen die Realität von Schwangerschaftskonflikten und von Abtreibung auf, weshalb wir sie niemals nur als Anekdoten abtun dürfen. Doch wir sollten sie in einer ohnehin schon sehr emotional geführten Debatte aus den folgenden Gründen sehr bedacht verwenden.

Was dich berührt, berührt nicht automatisch auch mich

Es ist vermessen anzunehmen, dass eine persönliche Geschichte alle Menschen gleichermaßen berührt oder dieselben Aspekte als relevant erachtet werden. Betrachten wir beispielhaft das Schicksal einer Familie, deren Kind die Diagnose Trisomie 18 erhielt. Kinder mit dieser schweren Behinderung versterben oftmals innerhalb weniger Stunden oder Tage nach der Geburt, weshalb sich viele Eltern in diesem Fall für einen Abbruch der Schwangerschaft entscheiden. Nun gibt es aber auch Eltern, die sich gegen eine Abtreibung entscheiden und die sehr dankbar über die kurze Zeit mit ihrem Baby sind. Wo die einen die Aufopferungsbereitschaft und bedingungslose Liebe dieser Eltern zu ihrem Kind sehen, hören andere Ohren »unnötige« Qualen, Ungewissheit über die verbleibende Zeit und einen in die Länge gezogenen Abschiedsprozess für Eltern und Kind. Niemand würde bestreiten, dass das ein überaus emotionales und ergreifendes Schicksal ist. Doch dasselbe Schicksal kann von außen betrachtet genauso Bewunderung wie Unverständnis hervorrufen.

Genauso kann die Geschichte eines Kindes, für das sich die Mutter entgegen finanzieller Schwierigkeiten und ohne Unterstützung des Vaters entscheidet, aus verschiedenen Perspektiven betrachtet werden: Die einen werden den Mut und die Kampfbereitschaft der Mutter für ihr Kind bewundern, die anderen werden bedauern, dass nun die Mutter noch tiefer in die Armutsspirale rutschen könnte und dass das arme Kind ohne Vater aufwachsen muss.

Bedenken wir, dass jedes Schicksal aus mehreren Perspektiven betrachtet werden kann und zu unterschiedlichen Schlüssen führen kann. Und respektieren wir auch die Deutungshoheit der betroffenen Personen über ihre Geschichte. Nur zu leicht passiert es nämlich, dass Einzelschicksale für eine Agenda instrumentalisiert werden, die nicht im Sinne der Betroffenen sind.

Es gibt immer eine Gegengeschichte

Es ist naheliegend, dass man gerade die Geschichten erzählt, die der eigenen Position entsprechen bzw. die zu deren Gunsten verlaufen. Wer sich für den Schutz des ungeborenen Lebens positionieren möchte, wird also entweder von Geschichten berichten, in denen sich für das Kind entschieden wurde und am Ende alles gut war, oder von Geschichten, in denen sich eine Abtreibung als Fehler erwies. Wer sich für das Selbstbestimmungsrecht der Frau einsetzt, wird genau diese Schicksale betonen: Frauen, denen es nach einer

Abtreibung sehr gut ging oder die die Geburt eines ungeplanten Kindes vor schwere Herausforderungen stellte. Doch zu jedem Einzelschicksal, das erzählt wird, wird man auch eine gegensätzliche Geschichte finden.

Es stellt sich also die Frage, was wir mit diesen Geschichten aussagen wollen. Wenn wir damit die Vielfalt und die Ausprägungen individueller Erfahrungen darstellen möchten, sind Einzelfälle dazu besser geeignet als Statistiken. Sie zeigen uns, dass es einerseits Frauen gibt, die um eine gute Entscheidung ringen, und andererseits Frauen, die sich nach der dritten oder vierten Abtreibung überhaupt keine Gedanken mehr darüber machen. Ja, auch diese Fälle gibt es – auch wenn der Satz »Keine Frau treibt leichtfertig ab« häufig fällt. Sie zeigen uns, dass es Frauen gibt, die eine Abtreibung gut verkraften, und Frauen, die jahrelang unter dieser Entscheidung leiden. Dass am Ende alles gut werden kann oder schlimmer, als man es sich hätte ausmalen können. Doch sie können keine Auskunft darüber geben, wie Abtreibung ethisch einzuordnen ist und wie eine Frau, die vor ebendieser Entscheidung steht, Abtreibung erleben wird.

Extreme und Privilegien

Einzelschicksale haben den Effekt, dass sie das Bild einer Sache zugunsten von Extremen in alle Richtungen verzerren können. Entweder deshalb, weil es sich um einen »Extremfall« handelt oder weil gerade die extremen Aspekte der Geschichte betont werden. Im Kontext von Meinungsaustausch werden Ambivalenzen und Grautöne innerhalb von Einzelschicksalen leider oftmals nur am Rande dargestellt. Auch in der Öffentlichkeit, in den Medien und im politischen Diskurs besteht wenig Interesse an differenzierter

Darstellung. Wo für den Zugang zu Abtreibungen geworben werden soll, werden extrem tragische, aber seltene Fälle wie Alltagsgeschehen dargestellt. Wo hingegen für das Recht auf Leben geworben wird, werden Situationen so gezeichnet, als wären die zum Tragen kommenden Privilegien für alle gleichermaßen zugänglich. Es gibt keine einfache Antwort auf die Frage, wie ein guter Umgang damit aussehen kann. Doch für mich persönlich liegt ein erster Ansatzpunkt darin, Geschichten und Einzelschicksale zunächst vor dem Hintergrund möglicher Privilegien und Extreme einzuordnen, bevor ich sie mit anderen teile. Das alleine kann davor bewahren, ein einseitiges und vereinfachtes Bild von einer weitaus komplexeren Realität zu zeichnen.

Welche Botschaft wird transportiert?

Eine besondere Art von Erzählungen, die man immer wieder liest oder hört, hinterlässt bei mir persönlich immer einen faden Beigeschmack: Eine Schwangere bekommt vom Arzt gesagt, dass ihr Kind höchstwahrscheinlich schwer krank oder behindert sein wird, woraufhin ihr zur Abtreibung geraten wird. Doch die Eltern entscheiden sich für das Leben des Kindes, komme, was wolle. Und siehe da: Am Ende hatten die Ärzte unrecht und das Kind kam völlig gesund zur Welt. Wie gut, dass sich die Eltern nicht von den Ärzten zur Abtreibung drängen ließen!

Während ein Teil der vermittelten Botschaft – wir hätten uns in jedem Fall für das Leben des Kindes entschieden und hätten es sowieso bedingungslos geliebt – sehr ehrbar ist, scheint mir der Fokus dieser Geschichte teilweise auf dem falschen Aspekt zu liegen: auf der Fehldiagnose der Ärzte. Zum einen kommen solche Fehldiagnosen mit heutigen Tests immer seltener vor (auch wenn sie durchaus vorkommen) und solche Geschichten könnten diese Tatsache überproportional häufig erscheinen lassen. Zum anderen – und hier sollen niemandem falsche Motive unterstellt werden – hat die Betonung der Fehldiagnose den Beigeschmack, dass am Ende ja doch alles »gut ausgegangen ist«. Es findet also implizit eine Bewertung statt, die aus Sicht einer konsistenten Lebensethik so nicht angebracht ist: nämlich die, dass ein gesundes Kind am Ende ja doch »besser« ist als ein krankes oder behindertes Kind. Es ist natürlich verständlich, dass sich Eltern für ihre Kinder ein möglichst unkompliziertes und gesundes Leben wünschen. Genauso wird ja in dieser Geschichte deutlich, dass die Eltern keinen Unterschied gemacht hätten, egal wie die Diagnose am Ende lautete. Entscheidend ist hier die Erzählweise der Geschichte, die ja auch häufig von Dritten vorgetragen wird: Liegen der Fokus und die Intention wirklich darauf, Eltern Mut zu machen, sich auch bei Vorliegen einer Diagnose für ihr Kind zu entscheiden, oder doch eher darauf, dass sich Ärzte ja auch mal irren können und am Ende trotz vermeintlicher Diagnose auch ein »gesundes« Kind geboren werden kann? Ohne irgendjemandem Böses unterstellen zu wollen und in vollem Verständnis über die Erleichterung über eine falsche Diagnose: Die Akzeptanz des Kindes unter allen Bedingungen sollte im Zentrum der Erzählung bleiben.

Was wir von anderen erwarten, sollten wir selbst leben

Im Jahr 1971 machte der »Stern« mit seinem berühmten Artikel »Wir haben abgetrieben« Schlagzeilen. Darin bekannten sich zahlreiche Frauen zu ihrer Abtreibung, wobei sich im Nachhinein herausstellte, dass manche von ihnen (z. B. Frauenrechtlerin Alice

Schwarzer) niemals eine Schwangerschaft abgebrochen hatten. 50 Jahre später, im Jahr 2021, brachte der Stern ein Remake (Neugestaltung) dieser berühmten Ausgabe unter dem Aufhänger »Noch immer sind Abtreibungen kriminalisiert« heraus.[71] Was eine solche Titelstory zum unschlagbaren Propagandawerkzeug macht, sind die Emotionen, die durch die persönlichen Geschichten hervorgerufen werden. Schließlich steht hinter jedem Schwangerschaftsabbruch ein einzigartiges Schicksal. Es ist legitim, diese Schicksale zu erzählen, doch ihr Gebrauch zur Forcierung einer politischen Agenda ist bedenklich. Gesetzgebung sollte sich im Idealfall immer an Ethik und Vernunft orientieren und eben nicht an dem, was individuelles oder kollektives Unbehagen minimiert. Doch wer diese Forderung in den Raum stellt, sollte dazu bereit sein, sich auch selbst daran zu halten. Gerade im Rahmen von politischem Diskurs sind Einzelschicksale daher nicht am richtigen Platz. An anderer Stelle helfen sie uns dabei, die Realität und Komplexität von Abtreibung besser zu verstehen. Doch es sollte immer deutlich werden, dass Einzelschicksale nur einen Ausschnitt der Wirklichkeit abbilden und nicht auf die gesamte Thematik anwendbar sind.

Wo stehen wir?

Wo wollen wir hin?

Was sind die Ungeborenen und welche Rechte kommen ihnen zu? In dieser Frage scheinen Mehrheitsmeinung und gesetzliche Verankerungen so weit auseinanderzuklaffen wie kaum in einer anderen Frage. Paragraf 219 (1) des Strafgesetzbuches besagt, *»[…] daß das Ungeborene in jedem Stadium der Schwangerschaft auch ihr [der Frau, Anm. d. Verf.] gegenüber ein eigenes Recht auf Leben hat …«*. Die Bestrebungen der aktuellen Regierung, die Rechtslage zu ändern, zeigen auf, dass diese Tatsache von höchster Stelle infrage gestellt wird. Deshalb ist die Fürsprache für die Ungeborenen heute wichtiger denn je. Die politischen Bestrebungen gehen aber nicht nur dahin, den Zugang zu Abtreibungen immer stärker zu erleichtern, sondern auch diejenigen zum Schweigen zu bringen, die diese Entwicklungen kritisieren. Gleichzeitig wachsen die Möglichkeiten, als Einzelner und gemeinschaftlich Wissen, Ressourcen und Kräfte zu bündeln, um die Gesellschaft mitgestalten zu können. Was muss also geschehen, damit die Würde der Ungeborenen wieder in das Bewusstsein der Menschen rückt? Wie schaffen wir es, eine Kultur des Lebens zu errichten, in der jedes Kind willkommen und keine Mutter alleingelassen wird? Jeder Einzelne kann dazu beitragen und dazu braucht es nicht immer große Worte.

1. Fürsprecher für die Ungeborenen sein

Wie wir sprachfähig und relevant bleiben

In der öffentlichen Wahrnehmung sind diejenigen, die sich für die Ungeborenen einsetzen, ein paar wenige fundamentalistische Christen, die ohne jegliches Verständnis für die Zeichen der Zeit ein letztes Mal gegen die endgültige Befreiung der Frau aufbegehren. Auch eine Assoziation mit rechter Politik haftet der Pro-Life-Bewegung an, die sich aus einer Mischung von eigener Gleichgültigkeit und Framing heraus nährt. Ja, viele von uns sind Christen, die dem »urchristlichen Ruf« folgen, die Würde des Menschen von Anbeginn seines Seins zu verteidigen. Genauso ist es wahr, dass der Schutz der Ungeborenen weltweit eine Thematik rechter Parteien ist. Diese Umstände definieren dennoch nicht, wer wir sind und wofür wir stehen. Wir sind viel mehr als das, was andere daraus machen. Seit Beginn meiner aktivistischen Tätigkeit durfte ich die Vielfalt und das wahre Herz derer, die für den Schutz des ungeborenen Lebens stehen, immer besser kennenlernen. Viele von ihnen sind ungehört und ungesehen, trauten sich nicht, zu ihrer Meinung zu stehen, weil sie sich bisher nicht von dem Bild repräsentiert fühlten, das medial verbreitet wird. Doch wer den gesellschaftlichen Diskurs langfristig mitgestalten will, darf sich auf die Spirale von Stereotypisierung nicht einlassen.

Raus aus der Schublade

Eine der ersten Dinge, die mir in der Vorlesung Sozialpsychologie meines Studiums hängen blieben, war die Aussage, dass das menschliche Gehirn es sich immer möglichst leicht machen möchte. Es sucht Möglichkeiten, sich Denkleistung zu ersparen, weshalb wir Menschen so anfällig für Stereotype sind. Wenn wir einen anderen Menschen einschätzen wollen, nehmen wir gerne die mentale Abkürzung über Stereotype, weil diese zu einem gewissen Grad ja wahr sind. Wer beispielsweise eine bestimmte Partei wählt oder einer bestimmten Glaubensgemeinschaft angehört, der wird wahrscheinlich diese oder jene Eigenschaften besitzen und diese oder jene Meinungen vertreten. Nun mag es auf einer statistischen Ebene Zusammenhänge geben, doch im Einzelfall werden Menschen für Dinge diskreditiert, die sie überhaupt nicht betreffen. Umgekehrt kann es passieren, dass man sich immer stärker einer »Schublade« angleicht, wenn man immer wieder in diese hineingesteckt wird, um kognitive Dissonanz (Widersprüchlichkeiten im eigenen Denken) zu minimieren oder vielleicht weil das leichter ist, als sich immer wieder erklären zu müssen oder eine eigene Position für verschiedene Themen zu entwickeln. In der Lebensrechtsbewegung hat die Spirale der Eigen- und Fremdstereotypisierung lange Zeit voll zugeschlagen. Wir wurden und haben uns selbst auf ein Stereotyp reduziert, mit dem sich nur ein geringer Teil der Bevölkerung identifizieren kann und der vielen Menschen nicht besonders angenehm ist. Mit Freude beobachte ich deshalb, wie sehr sich in den letzten Jahren darum bemüht wird, mit mehr Verständnis für die Bedürfnisse unserer Zeit aus diesem rigiden Bild auszusteigen. Es wird leichter, sich für das Anliegen des Lebensschutzes auszusprechen und sich damit zu identifizieren, wenn Dissonanzen und Ambivalenzen stehen gelassen und sogar thematisiert werden: Es ist okay, für den Lebensschutz zu sein und sich gleichzeitig für feministische Belange einzusetzen. Es ist okay, in manchen Themen eher konservative und in anderen Themen eher liberale Werte zu vertreten. Es ist okay, nicht ständig von Gott zu sprechen, wenn mein Gegenüber mit Gott nichts anfangen kann.

Und es ist okay, für den Schutz des ungeborenen Lebens zu sein – es gibt gute Gründe dafür.

Mit Herz und Verstand

Diese Gründe benennen zu können und sie auf eine Weise zu transportieren, damit sie bei meinem Gegenüber ankommen, ist die wichtigste Voraussetzung dafür, damit wir langfristig einen Einfluss in der Gesellschaft haben können. Damit uns zugehört wird, braucht es Mut, Kreativität und manchmal auch ein bisschen Glück. Doch auch im Kleinen kann derjenige viel bewirken, der gute Intentionen und eine lautere Herzenshaltung an den Tag legt. Es geht nicht darum, jemanden zu »bekehren«, sondern Menschen zum Nachdenken anzuregen und aufzuzeigen, dass wohlwollender Diskurs und eine Offenheit für andere Meinungen keine Gefahr, sondern eine Grundvoraussetzung für eine funktionierende Demokratie sind. Ich selbst durfte schon viele gute Erfahrungen mit andersdenkenden Menschen sammeln und durfte auch erleben, wie sich meine und fremde Standpunkte durch Gespräche verändert oder ausgeweitet haben. Die folgenden Prinzipien haben sich dabei bewährt:

- Wohlwollende Grundhaltung: Ich gehe davon aus, dass mein Gegenüber gute Gründe für das hat, was er glaubt und dass er oder sie prinzipiell gute Absichten hat.
- Möglichkeit zur Rechtfertigung: Ich frage nach, warum jemand glaubt, was er glaubt. Wenn etwas mehrdeutig formuliert ist, gebe ich die Chance, sich zu erklären, ohne vorschnell eigene Schlüsse zu ziehen.

- Perspektivwechsel: Ich mache deutlich, dass ich mich in die Perspektive des anderen hineinversetzen kann, und lade dazu ein, dies ebenso zu tun.
- Sachlichkeit: Bei den Argumenten zu bleiben und sich nicht in Schlammschlachten ziehen zu lassen, ist eine Kunst, die es einzuüben gilt.
- Gemeinsamkeiten identifizieren und valide Punkte benennen: Wo sind Anknüpfungspunkte oder Gemeinsamkeiten, die wir teilen? Diese zu identifizieren kann extrem hilfreich sein. Auch anzuerkennen, wo der Gesprächspartner valide Punkte nennt, dient der Fruchtbarkeit der Unterhaltung.
- Menschen abholen, wo sie sind: Ich beziehe die Hintergründe meines Gegenübers in meine Sprache und Argumentation mit ein. Ist mein Gegenüber gläubig oder nicht? In welchem Kontext begegnen wir uns?
- Von Betroffenheit ausgehen: Ich wähle meine Sprache so, dass ich niemanden bewusst oder böswillig verletze, der selbst persönliche Erfahrungen mit Abtreibung gemacht hat. Die Wahrscheinlichkeit ist hoch, dass Betroffene zuhören, mitlesen oder sogar mit uns sprechen.
- Fehler eingestehen: Wenn ich für einen Fehler beschuldigt werde, überprüfe ich das Gesagte und korrigiere mich gegebenenfalls.

Die meisten Punkte können auch auf alle anderen Themen und Diskussionen angewendet werden. In Zeiten wie diesen, in denen der gesellschaftliche Diskurs teilweise sehr unschön geführt wird, sind viele Menschen der Teilnahme an ebenjenem überdrüssig. Oft sind einzelne kleine Gruppen mit starken Meinungen derart laut, dass es scheint, als gäbe es nur diese. Dabei möchte ich mich selbst nicht ausnehmen: Ich bin mir dessen bewusst, dass ich mit meiner Pro-Life-Haltung eine kleine Gruppe repräsentiere, die versucht ein gesellschaftliches Ungleichgewicht auszugleichen. Doch es scheint mir wichtig zu betonen, dass sich die allermeisten Menschen irgendwo zwischen den Extremen bewegen. Sich das bewusst zu machen kann hilfreich sein, um sich vor ehrlichen Gesprächen nicht zu scheuen.

Ein Blick in die USA

Man kann den USA viel vorwerfen, aber sicher nicht, dass es dort keinen lebhaften politischen und gesellschaftlichen Diskurs gäbe. Es ist faszinierend zu beobachten, wie bereits Kinder und Jugendliche darauf vorbereitet werden, Gesellschaft mitzugestalten. Allerdings scheinen die Polarisierung und Lagerbildung allgemein noch viel extremer zu sein als hierzulande. Das Thema Abtreibung ist ein riesiger Streitpunkt, der vor allem in den vergangenen zwei Jahren zu Massenprotesten geführt hat. Im amerikanischen Pro-Life-Movement lässt sich aber eine erfreuliche Entwicklung beobachten: Was, ähnlich wie in Deutschland, als relativ homogene Personengruppe begonnen hat, differenziert sich heute in Form verschiedenster Organisationen und Gruppierungen aus. Egal ob weltliche oder säkulare Gruppen, konservative oder progressive, Menschen verschiedenster Religionen, Weltanschauungen oder ethnischer Hintergründe und mit unterschiedlicher politischer Ausrichtung und aktivistischer Schwerpunktsetzung prägen das Bild der amerikanischen Lebensschutzbewegung. Wichtige Anliegen brauchen vielfältige Repräsentanten, damit möglichst viele Menschen erreicht werden. Dazu ist es notwendig, den Komfort der eigenen Blase zu verlassen und neue Wege einzuschlagen. Man muss nicht mit allen Menschen in allen Punkten einer Meinung sein.

Und im Privaten?

Nicht jeder Mensch ist dazu berufen, in allen Themenbereichen öffentlich zu wirken. Es ist völlig in Ordnung, seine Meinung in dem Maße auszusprechen, das zur persönlichen Situation passt. Manchmal macht es schon einen Riesenunterschied, überhaupt irgendwas zu sagen. Wenn es nur ein Satz wie »Das sehe ich anders« ist: Hauptsache, wir überlassen das Spielfeld nicht gänzlich denen, die keinerlei Beachtung für die Interessen der Ungeborenen oder für Ausgewogenheit im Diskurs haben.

- Wofür schlägt dein Herz, wenn es um das Thema Abtreibung geht?
- Worin könnte deine persönliche Berufung liegen?

2. Eine Kultur des Lebens schaffen

Damit Abtreibung langfristig nicht mehr notwendig ist

Man kann seinem Gesprächspartner alle biologischen und philosophischen Argumente plausibel gemacht haben, die für den Schutz des ungeborenen Lebens sprechen: Letztlich wird die Überzeugung vieler Menschen an der Realität scheitern. Und es stimmt: Obwohl wir an einem der privilegiertesten Orte der Welt leben, sind die Gründe, die zu einem Schwangerschaftsabbruch führen, oft so gut nachvollziehbar. Trotz Elterngeld und Sozialstaat, trotz Bemühungen um gleichberechtigte Elternschaft, trotz eines gestiegenen Bewusstseins für mentale Gesundheit zeigen die nach langer Zeit wieder steigenden Abtreibungszahlen, dass es noch viel zu tun gibt. Ja, es gibt viele Länder, in denen die Umstände weitaus schlimmer sind als bei uns. Und oft sind in diesen Ländern die Geburtenraten noch viel höher als bei uns. Doch wir wollen ja nicht einfach, dass Kinderbekommen »schon irgendwie geht«, sondern dass es *gut* geht, dass keine Frau beim Anblick eines positiven Schwangerschaftstests Panik bekommen muss.

Manch einer hält es für heuchlerisch, sich für den Schutz der Ungeborenen auszusprechen, solange die Umstände für geborene Kinder und ihre Eltern nicht optimal sind. Manch einer wird sagen: Diesen Optimalzustand wird es nie geben. Ich glaube: Wenn wir es als Gesellschaft wirklich wollen würden, würden wir es möglich machen. Das Problem ist vermutlich: Viele wollen es gar nicht. Warum sollte man solche Bemühungen in Angriff nehmen, wenn Abtreibung doch eine viel günstigere und bequemere Lösung ist? Warum sollten wir alles umschmeißen, wenn Abtreibung nicht als ethisches Problem erachtet wird? Ich glaube, dass die Möglichkeit zur Abtreibung und das Narrativ der Normalisierung gesellschaftlichen Fortschritt im Sinne kinder- und elternfreundlicher Entwicklungen langfristig verhindern.

An dieser Stelle möchte ich daran erinnern, dass in vielen Gesellschaften bereits Veränderungen erwirkt wurden, die vorher undenkbar erschienen. Über weite Teile der Menschheitsgeschichte hinweg war die Annahme verbreitet, dass Gesellschaften und Wirtschaftssysteme ohne Sklaverei nicht funktionieren würden. Es wurde sogar argumentiert, dass die Sklaven in Freiheit gar nicht klarkämen, dass es nicht genug bezahlte Jobs gebe und es ihnen bei ihren Herren besser gehe, weil sie von ihnen versorgt würden. Dieses Beispiel zeigt, dass pragmatische Gründe niemals ethische Gesichtspunkte aushebeln können und dürfen – und dass man mit der Umsetzung menschenwürdiger Gesetzgebung nicht warten darf, bis die Umstände irgendwann einmal passen. Im Idealfall gehen strukturelle und ideelle Veränderungen miteinander einher. Was wäre nötig, damit Abtreibung langfristig unnötig und vielleicht sogar undenkbar würde?

Bildung und ethischer Diskurs zur Prävention ungeplanter Schwangerschaften

Allem voran braucht es ehrliche Aufklärung, die junge Menschen dazu befähigt, Entscheidungen für ihr Leben und die Ausübung ihrer Sexualität zu treffen, die sie frei von der »Notwendigkeit« zur Abtreibung machen. Es geht nicht darum, Sexualität zu dämonisieren, sondern sie wieder mit der Verantwortung zu verknüpfen, die ihrem Wesen innewohnt. Auch im Sinne des weiblichen Empowerments sollten Mädchen und Jungen in entsprechendem Alter lernen, wie der weibliche Zyklus funktioniert und wie eine Schwangerschaft entsteht. Aufklärung, die sich darauf beschränkt, Verhütungsmittel und ihre Anwendung als Patentlösung und Abtreibung als Notfallinstrument zu propagieren, hinterlässt Jugendliche mit einem Mindset, in dem Sex als Anspruch, die weibliche Fruchtbarkeit als Gefahr und ein potenziell entstehendes Kind als Fehler verankert werden. So werden Frauen-, Mütter- und Kinderfeindlichkeit ganz sicher nicht den Weg aus dem kollektiven Bewusstsein herausfinden. Verhütungsmethoden sollten im Kontext medizinischer, ethischer und praktischer Überlegungen vermittelt werden und die Möglichkeit der Enthaltsamkeit als gleichwertige Option salonfähig gemacht werden. Abgesehen von religiösen Gründen gibt es eine Vielzahl von Vorteilen, die sexuelle Enthaltsamkeit in verschiedenen Phasen des Lebens mit sich bringt, und wir täten als Gesellschaft in vielerlei Hinsicht gut daran, uns dieser (wieder) bewusst zu werden.

Ein weiterer entscheidender Aspekt wäre akkurate Wissensvermittlung im Bereich der Embryologie verknüpft mit ethischen Überlegungen und Fragestellungen. Es ist erschreckend, mit welcher Selbstverständlichkeit und Fahrlässigkeit unpräzise oder schlichtweg falsche Informationen in diesem Bereich ihren Weg in die Öffentlichkeit finden. Am Beispiel des Artikels aus der Zeitschrift »The Guardian« wurde dieses Phänomen in Kapitel 11 bereits aufgegriffen. Dieselbe Gründlichkeit, die anderen Themen zukommt, sollte auch in Bezug auf die Entstehung des Menschen an den Tag gelegt werden. Darüber hinaus wäre es wünschenswert, dass sich die ethische Debatte über den Beginn des Lebens nicht an pragmatischen, sondern wirklich an ethischen Gesichtspunkten orientiert. Es würde sehr vieles ändern, wenn Wert und Würde des Menschen besonders zu Beginn seines Lebens nicht an seinem Nutzen oder seiner Last bemessen würden. Vielen Erwachsenen würde das in unterschiedlicher Hinsicht einen Strich durch die Lebensplanung machen. Doch langfristig kämen wir dem Ideal der Gleichberechtigung aller Menschen näher, wenn auch den jüngsten von ihnen Achtung und Respekt zukäme.

Wahres Empowerment

In einer Welt, in der Abtreibung undenkbar sein soll, braucht es einen weiteren Blick für das, was man unter *Empowerment* (Ermächtigung) versteht. Nach aktuellem Verständnis soll Abtreibung ein Ausdruck von Empowerment sein, weil sie der Frau die »Kontrolle über ihren Körper« ermöglicht. Dementsprechend fühlen sich manche Frauen von Entmächtigung bedroht, wenn die Rechtmäßigkeit von Abtreibung infrage gestellt wird. Dabei ist fraglich, ob eine Abtreibung tatsächlich so ermächtigend ist, jedenfalls fühlt sie sich bestimmt erst einmal nicht so an. Wahres Empowerment bedeutet für mich, junge Menschen in die Verantwortlichkeit für sich und andere hineinzuführen, ihnen zuzumuten, Kontrolle über ihr Leben auszuüben ohne die Notwendigkeit, einem anderen Menschen dabei zu schaden. Wir können nicht genug Zeit und Ressourcen in die Bildung und die Stärkung des Selbstwerts junger Menschen investieren, damit sie zu gesunden und verantwortlichen Erwachsenen werden.

In vielen Dingen gilt es, eine Balance zwischen den veralteten und den modernen Extremen zu finden, die das Frausein in den vergangenen Jahrzehnten in vielerlei Hinsicht geprägt haben. Beispielsweise erlauben sowohl patriarchale als auch moderne feministische Denkmuster die Objektifizierung des weiblichen Körpers und seiner Fruchtbarkeit, wenn auch aus unterschiedlichen Motiven. Diese Denkweise ist unvereinbar mit der Würde der Frau, wie auch die Objektifizierung der Ungeborenen unvereinbar mit der Menschenwürde ist. Was es braucht, ist eine Gesellschaft, in der die weibliche Fähigkeit, Leben zu empfangen, weder als Makel noch als Lebenszweck betrachtet wird, sondern als ganz normaler Teil des Frauseins. Jede Frau sollte frei sein, ohne Bewertung den Lebensentwurf zu wählen, der ihr entspricht. Sie sollte dazu befähigt werden, diesen umzusetzen, ohne dabei möglicherweise entstehendes Leben opfern zu müssen. Im Fall einer ungeplanten Schwangerschaft ist die Suche nach individuellen Lösungen entscheidend.

Wahrscheinlich bräuchte es einen regelrechten Strukturwandel, um ideale Bedingungen herzustellen: Ein Beratungsangebot, das bei Bedarf in eine langfristige und engmaschige Begleitung der Familie übergehen könnte, eine stärkere Ausrichtung der Wirtschafts- und Arbeitswelt auf Eltern, finanzielle Sicherheit ohne bürokratischen Aufwand … es gäbe jede Menge Punkte, an denen angesetzt werden könnte.

Eine kinder- und elternfreundliche Gesellschaft

Viel zu oft gehen Frauen- und Kinderfeindlichkeit miteinander einher. Umso wichtiger ist es, dass Frauen und ihre Kinder nicht gegeneinander ausgespielt werden. Weder Stigmata noch Strukturen sollten dazu führen, dass eine Schwangerschaft ein Gefühl von Bedrohung auslöst. Dabei liegt die erste Verantwortung dafür, die Frau in einer konflikthaften Schwangerschaft bedingungslos zu unterstützen, beim Kindsvater. Die beiden Elternteile werden als mündige Bürger vom Moment der Zeugung an in die Verantwortung gerufen, ihre Kinder zu schützen und zu versorgen. Bei konkurrierenden Interessen sollte die Schutzwürdigkeit des Schwächeren in besonderem Maße berücksichtigt werden, so wie Gesetzgebung grundsätzlich schützend auf diejenigen hin ausgerichtet sein sollte, die weniger Privilegien genießen.

In der Thematik Kinder- und Elternfreundlichkeit sehe ich sehr viel Potenzial für Verbesserung, weil es Menschen unterschiedlichster politischer, religiöser und aktivistischer Hintergründe vereint. Beispielhaft möchte ich die Revolution der Schwangerenversorgung und Geburtshilfe nennen. Das negative Bild von Schwangerschaft und Geburt ist in meinen Augen Sinnbild und Symptom eines Gesundheitssystems, das von falschen Interessen geleitet wird; es geht einher mit einer Frauenfeindlichkeit, die nur schwer als solche erkenntlich ist. Was meine ich damit? Schwangerschaft und Geburt sind bei uns etwas, das jeder kommentiert, aber worüber niemand gerne zu viele Informationen haben möchte. Einerseits hat jeder eine Meinung dazu, wann wer wie viele Kinder haben sollte, wie Geburt sein sollte, wie lange man stillen sollte, wie Erziehung auszusehen hat und so weiter. Schwangerschaft wird entweder als notwendiges Übel oder übermäßig romantisiert dargestellt. Andererseits will man als Außenstehender eigentlich gar nicht zu viel davon mitbekommen, schon gar nicht von der Geburt. Diese Faktoren kommen dann in einem Gesundheitssystem zusammen, das wirtschaftlichen und bürokratischen Zwängen unterliegt, was psychische und körperliche Gewalterfahrungen bei der Geburt strukturell begünstigt[72]. Der Hebammenmangel, der eine 1:1-Betreuung im Kreißsaal unmöglich macht, tut sein Übriges dazu. Erfreulicherweise gibt es seit Jahren eine wachsende Bewegung von Geburtshelfern, Eltern und Unterstützern, die gegen die Bevormundung von Schwangeren, für bessere Bedingungen in der Geburtshilfe und für eine Rückeroberung der Geburt als ermächtigendes und prägendes Ereignis im Leben einer Frau kämpfen.

Es braucht ein Dorf …

Genauso feiere ich den Siegeszug bindungs- und bedürfnisorientierter Elternschaft und Erziehung. Im Austausch mit anderen Eltern erlebe ich ein Bestreben danach, die eigenen Kinder nicht in erster Linie zum Gehorsam, sondern zu einem verantwortungsbewussten und reflektierten Umgang mit anderen Menschen und den eigenen Emotionen zu erziehen. Ich liebe die junge Generation von Vätern, die sich so viel stärker darum bemühen, physisch und emotional präsent zu sein. Die ihre eigenen Vaterverletzungen überwinden, um ihren Kindern ein sicherer Hafen zu sein und ihrer Verantwortung, Vorbild und Versorger zu sein, in jeder Hinsicht nachkommen.

Ein Prinzip, das wieder verstärkt den Weg in die Köpfe der Menschen findet, ist das vom »Dorf«, das es für die Erziehung jedes Kindes braucht. Der Nachhaltigkeitsgedanke findet auf sozialer Ebene seinen Ausdruck darin, dass Menschen nach Wegen suchen, um Care-Arbeit gemeinschaftlich umzuverteilen, sodass Mütter und vor allem Alleinerziehende entlastet werden. Das bedeutet nicht, dass die Kindererziehung zur Aufgabe aller werden soll, sondern dass Ressourcen und Mängel so zusammengeführt werden, dass alle davon profitieren. Es ist ein urchristliches Prinzip und in vielen Gemeinden sowieso bereits Realität. Als Christen könnten wir uns fragen, wie wir diese Ressourcen auch Außenstehenden zugänglich machen können.

Ich vermisse manchmal die Unterstützung solcher Anliegen vonseiten derer, die sich für die Ungeborenen einsetzen. Liegt es daran, dass man sich dann mit Menschen zusammentun müsste, die in diesem Punkt anderer Meinung sind? Ich weiß es nicht. Ich bin aber überzeugt davon, dass die Leben der Ungeborenen es wert sind, dass man alles dafür tut, ihnen und ihren Eltern die besten Startbedingungen zu ermöglichen. Das kann auch bedeuten, unkonventionelle Wege zu gehen oder Maßnahmen zu unterstützen, die man für sich selbst nicht in Anspruch nehmen wollen würde.

- Was muss sich nach deiner Meinung ändern, damit Abtreibung langfristig unnötig wird?
- Glaubst du, dass das überhaupt möglich ist?

3. Meinen Beitrag leisten

Schwangeren vor, während und nach dem Konflikt zur Seite stehen

Die politischen und gesellschaftlichen Entwicklungen unserer Zeit stellen uns umso mehr vor die Aufgabe, ein lebensfreundliches Klima in unserem persönlichen Umfeld zu kultivieren. Am Ende dieses Buches möchte ich Ideen teilen, wie jeder in seinem Einflussbereich und im Rahmen seiner Möglichkeiten Frauen vor, während und nach einem Schwangerschaftskonflikt unterstützen kann. Bereits scheinbare Kleinigkeiten können den Unterschied machen, damit eine Schwangere ein Ja zu ihrem Kind finden kann.

Allgemein

Stigmata entgegenwirken

Wer für das Lebensrecht Ungeborener einsteht, sollte auch um Respekt für ihre Mütter werben. Wir können Stigmata und dem Gefühl der Stigmatisierung effektiv entgegenwirken, indem wir Bedenken oder Kritik an den Umständen einer Schwangerschaft für uns behalten und andere dafür zur Rede stellen. Gerade unter Christen darf es keinen sozialen Ausschluss bedeuten, wenn eine Frau außerhalb unserer Moralvorstellungen schwanger wird oder sich eine Mutter für einen Lebensentwurf entscheidet, den wir für uns nicht wählen würden. Und bedenken wir auch: Zu einer Schwangerschaft gehören immer zwei!

Sprache und Denken beeinflussen sich gegenseitig

Es ist nicht nur das wichtig, *was* wir sagen, sondern auch, *wie* wir etwas sagen. Sprechen wir beispielsweise lieber von einem Kind als »Überraschung« als von einem »Unfall« oder »ungeplant« – wenn wir diesen Umstand denn überhaupt thematisieren müssen. Denn uns ist ja völlig egal, unter welchen Umständen ein Kind gezeugt wurde. Wenn uns die Worte zu Tabuthemen, wie Behinderung, Krankheit oder Abtreibung fehlen, dann können wir Betroffene oder Eltern immer selbst fragen, welche Begriffe man am besten benutzt. Wichtig ist es, Tabuthemen nicht totzuschweigen. Gefühle des Alleinseins oder der sozialen Ausgrenzung werden dadurch nur verstärkt.

Nutze deinen Einflussbereich

Du hast Autorität in einer Gemeinde, einem Unternehmen oder auf politischer Ebene? Wunderbar. Nutze deine Möglichkeit zur Einflussnahme, um Maßnahmen in die Wege zu leiten, die Schwangeren, Müttern, Eltern, Alleinerziehenden und Kindern allgemein zugutekommen. Rege eine Diskussion darüber an, wo Ressourcen in dieser Hinsicht investiert werden können.

Finde deine Berufung

Nicht jeder Mensch ist dazu berufen, alles umzusetzen, was im Bereich Lebensschutz getan werden kann. Für manche ist der Weg tatsächlich der, seine eigene Familie für ein Pflege- oder Adoptivkind zu öffnen. Andere sind eher dazu berufen, Schwangere und Familien tatkräftig zu unterstützen. Wieder andere haben eher die Ressourcen und Talente für Aufklärung und Diskussionskultur. Wo liegen deine Fähigkeiten und deine Sehnsüchte?

Während des Konflikts

Sowohl beruflich als auch privat war ich schon einige Male mit der Frage konfrontiert, wie man einer Schwangeren im Konflikt am besten helfen kann, ein Ja zu ihrem Kind zu finden. Aufgrund der individuellen Gegebenheiten und Umstände eines jeden Schwangerschaftskonflikts gibt es natürlich keine Patentlösung. Doch einige Prinzipien scheinen mir grundsätzlich wichtig:

Zuhören und wertschätzen

Was für ein Privileg, wenn sich uns eine Schwangere im Konflikt anvertraut! Das zeugt von großem Vertrauen. Hören wir zu und verfallen wir nicht in vorschnellen Aktionismus. Manche Frauen brauchen einfach erst einmal ein offenes Ohr, um ihre Gedanken zu sortieren. Sprechen wir der Schwangeren Verständnis, bedingungslose Wertschätzung und Hoffnung zu. Die wichtigste Frage lautet: Was brauchst du jetzt?

Bestärke und ermutige sie

Aus der Beratungspraxis wissen wir, dass es oftmals nur eine einzige unterstützende Person braucht, die der Schwangeren das Gefühl gibt, diese Herausforderung schaffen zu können, um ein Ja zum Kind zu finden. Mir sagte einmal eine Freundin, dass die Zweifel anderer Menschen das Schwierigste angesichts ihrer ungeplanten Schwangerschaft waren. Vielmehr brauchte sie damals ein: »Ich kann deine Ängste total gut verstehen. Gleichzeitig glaube ich fest daran, dass du das schaffen kannst. Ich werde dich dabei mit aller Kraft unterstützen!«

Werde aktiv

Dieselbe Freundin fühlte sich angesichts der ganzen Bürokratie alleingelassen und orientierungslos. Ich verwies sie damals an eine Beratungsstelle, die Frauen im Schwangerschaftskonflikt dabei unterstützt, einen Weg mit dem Kind zu finden. Dort wurde sie bezüglich bürokratischer Angelegenheiten beraten und an eine Stelle vor Ort vermittelt, die sie bis heute praktisch und finanziell unterstützt. Man kann der Schwangeren auch anbieten, Arztbesuche oder Behördengänge zu begleiten. Wenn die Schwangere bereits Kinder hat, kann das Angebot der Kinderbetreuung oder der Unterstützung im Haushalt enorm hilfreich sein.

Organisationen unterstützen, die Schwangere in Not beraten und ihnen praktisch helfen

Wer in seinem Umfeld keine Berührungspunkte mit jungen Müttern oder Eltern hat, kann auch durch finanzielle Unterstützung von Organisationen und Einrichtungen einen Beitrag leisten.

Teil eines Helfernetzwerks werden

Verschiedene Organisationen vernetzen Schwangere in Not mit Menschen in ihrer Nähe, die als Helfer in einer Helferkartei eingetragen sind. Diese unterstützen dann die Schwangere auf unterschiedlichste Art und Weise, z. B. bei Behördengängen, in der Kinderbetreuung oder durch emotionalen Beistand während und gegebenenfalls nach der Schwangerschaft.

Nach dem Konflikt

Netzwerk sein: Es braucht ein Dorf

So wunderbar und bereichernd Mutterschaft sein kann, so kann sie doch ebenso überwältigend sein. Insbesondere Gefühle von Einsamkeit und »Alles-alleine-schaffen-Müssen« begleiten viele Mütter durch ihren Alltag. Der Satz »Es braucht ein Dorf, um ein Kind zu erziehen« soll nicht etwa bedeuten, dass jeder seinen Senf zur Erziehung von Kindern dazugeben sollte, sondern dass die zu leistende Care-Arbeit für ein Kind nur dann in gesunder Weise stattfinden kann, wenn sie auf verschiedenen Schultern lastet. Sich als Teil des Netzwerks für Mütter anzubieten, kann ein entscheidender Beitrag zu einer Kultur des Lebens sein. Gerade Alleinerziehende sind darauf angewiesen. Wenn du die Kapazitäten hast, biete Müttern in deinem persönlichen Umfeld an, Teil ihres »Dorfes« zu sein.

Kinder in unserer Mitte begrüßen und Verständnis zeigen

Offenheit für Kinder heißt auch, sie dann in unserer Mitte willkommen zu heißen, wenn sie uns gerade nicht so angenehm sind, z. B. wenn sie im Gottesdienst »stören« oder wenn sie sich im Restaurant nicht »benehmen«. Kleinkinder sind schlicht nicht dazu in der Lage, ihre Impulse über einen längeren Zeitraum hinweg permanent zu kontrollieren. Bei allem Verständnis für die Bedürfnisse anderer Menschen wäre es doch wünschenswert, dass Eltern und ihre Kinder die Freude am Gottesdienst nicht dadurch verlieren, dass Gefühle von Druck und Verurteilung den Kirchenbesuch dominieren. Und auch Familien sollte es vergönnt sein, ab und zu essen zu gehen, ohne Sorge vor den Blicken anderer Menschen haben zu müssen.

Und was, wenn sich eine Frau für einen Schwangerschaftsabbruch entschieden hat?

Wir müssen die Entscheidung zu einer Abtreibung nicht gutheißen. Dennoch ist es nicht unsere Position, die Frau deshalb abzuschreiben oder zu verurteilen. Besonders soziale Ausgrenzung kann seelische Wunden und Verletzungen infolge eines Abbruchs verursachen. Nur wenn du ihr signalisierst, dass du weiterhin für sie da bist und dieses Ereignis nichts an eurer Beziehung ändert, wird sie dir auch in Zukunft vertrauen können. Lasse sie wissen, dass es in Ordnung ist zu trauern. Falls es dir schwerfällt, mit ihr über den Abbruch zu sprechen, kommuniziere das ehrlich und ohne es auf sie zu beziehen. Es gibt Gruppen und Einrichtungen für Betroffene, an die du sie vermitteln kannst, wenn sie das wünscht.

Bereit für das nächste Gespräch?

Puh, das war jetzt ganz schön viel Information. Dabei ist das immer noch nur ein Teil des großen Ganzen! Es ist ein kleiner Ausschnitt aus einer riesigen Wirklichkeit und auch nur eine von vielen Perspektiven darauf. Es gibt wahrscheinlich keinen, der das Buch gelesen und immer nur »Stimmt – das sehe ich genauso!« gedacht hat. Auch du hast dich bestimmt das ein oder andere Mal an einer meiner Ansichten gestört. Und das ist gut so! Nur wenn wir uns mit Meinungen konfrontieren, die inneren Widerstand erzeugen, werden wir unsere eigene Perspektive hinterfragen. Das Ziel von gesellschaftlichem Diskurs sollte nicht einfach sein, andere von seiner Meinung zu überzeugen, sondern sich gleichermaßen zum Nachdenken bringen zu lassen. Die eigene Aufgeschlossenheit für andere Denk- und Sichtweisen ist die beste Voraussetzung dafür, konstruktiv zu kommunizieren.

Inhaltlich bist du jetzt schon gut auf die Thematik vorbereitet. Zum Schluss möchte ich dir noch ein paar praktische Tipps zur Gesprächsführung mit auf den Weg geben. Natürlich müssen dabei auch der jeweilige Gesprächspartner, die Situation und das Ziel der Unterhaltung berücksichtigt werden. Will ich einfach nur ein Statement setzen oder möchte ich den anderen von meinem Standpunkt überzeugen? Ist mir mein Gegenüber vertraut oder kennen wir uns gar nicht? In welchem Rahmen findet das Gespräch statt? Und dann …

1. … sei mutig.

Du kennst sicher die Situation, wenn man im Gespräch auf das Thema Abtreibung kommt und du überlegst, ob du etwas sagen sollst oder nicht. Einerseits möchtest du deinen Senf dazu abgeben, andererseits hast du keine Ahnung, wohin das führen wird … – also bist du lieber still. Ich lade dich dazu ein, beim nächsten Mal mutig zu sein und deine Gedanken zu teilen. Du wirst überrascht sein, welche Reaktionen andere Menschen zeigen werden. In einer Gruppe könnte es sogar sein, dass du anderen durch deinen Mut eine Türe öffnest, ihre Gedanken ebenfalls auszusprechen. Probier's mal aus, es lohnt sich.

2. … nimm eine wohlwollende Grundhaltung ein.

Ich habe schon an unterschiedlichen Stellen von der wohlwollenden Grundhaltung gesprochen, die ich allgemein für unverzichtbar halte. Diese zu verbalisieren kann eine Diskussion von vorneherein entschärfen. Damit signalisierst du deinem Gegenüber, dass es dir nicht darum geht, ihn mit Argumenten niederzuwalzen, sondern um einen ehrlichen und offenen Austausch. Indem du ihm gute Motive unterstellst, signalisierst du, dass du dich grundsätzlich kognitiv und emotional in seine Perspektive versetzen kannst und dir das auch von ihm wünschst.

3. … kommuniziere gewaltfrei.

Die Gewaltfreie Kommunikation nach Marshall B. Rosenberg[73] ist als Gesprächstechnik grundsätzlich empfehlenswert. Übertragen auf Diskussionen bedeutet gewaltfrei zu kommunizieren für mich vor allem, auf Unterstellungen zu verzichten, sachlich zu bleiben, bei Unklarheiten nachzufragen und nicht absichtlich oder fahrlässig Aussagen des Gegenübers falsch zu interpretieren.

4. … höre zu und lies zwischen den Zeilen.

Mir persönlich geht es oftmals so, dass ich eine Aussage höre und im Kopf schon überlege, was ich sagen möchte, bevor der andere seinen Satz überhaupt beendet hat. Dabei kann es sein, dass wir beim Nachdenken Zwischentöne überhören. Vielleicht geht es meinem Gesprächspartner gar nicht um Inhalte. Die mitschwingenden Emotionen oder Intentionen kann man oft nur dann erahnen, wenn man sehr genau und mit offenem Herzen zuhört. Manchmal reicht es dann, einen einzigen Punkt herauszugreifen, um den Kern dessen zu treffen, worum es meinem Gegenüber geht.

5. … benenne Gemeinsamkeiten.

Als besonders hilfreich für konstruktiven Diskurs erscheint mir die Benennung von Gemeinsamkeiten. Das können inhaltliche Gemeinsamkeiten sein, übereinstimmende Grundannahmen oder Ziele. Selbst widersprüchlichste Positionen haben immer irgendeine Gemeinsamkeit – und wenn es nur die Überzeugung ist, aus guten Motiven zu handeln.

6. … wisse, wann es gut ist.

Beim Thema Abtreibung passiert es leicht, dass man sich in eine Endlosschleife der Argumentation verliert. Jeder zählt ein Argument nach dem anderen auf und irgendwann muss man feststellen, dass keines davon unter den Prämissen des Gegenübers irgendeine Gültigkeit hat. Dann ist es auch okay, darin übereinzustimmen, dass man nicht übereinstimmt und das Gespräch zu beenden. Ebenso beginne ich manche Debatte gar nicht erst, wenn ich merke, dass mein Gegenüber einfach nur Dampf ablassen möchte und gar nicht an einem konstruktiven Dialog interessiert ist. Man muss nicht immer das letzte Wort haben. Nach einem konstruktiven Austausch bedanke ich mich bei meinem Gesprächspartner für das Gespräch und drücke ihm gegenüber meine Wertschätzung aus.

7. … sei dafür offen, deine Meinung zu überdenken.

Wenn du im Nachklang eines konstruktiven Gesprächs merkst, dass etwas in dir arbeitet, hast du alles richtig gemacht. Vielleicht fühlst du dich in deiner Haltung bestärkt, es kann aber auch vorkommen, dass dein Gesprächspartner einen Punkt eingebracht hat, der dir eine neue Perspektive eröffnet hat. Es ist völlig in Ordnung, auch mal seine Meinung zu überdenken und anzupassen. Daran erkennst du, dass du im Denken nicht dogmatisch oder ideologisch bist.

Es gibt noch viel Redebedarf

In unserer Zeit finden viele Entwicklungen im Bereich des Lebensrechts statt. Die Absolutheit der Würde des Menschen an den Rändern des Lebens wird zunehmend infrage gestellt. Bei einem Fortschreiten dieser Entwicklungen könnte Abtreibung in einigen Jahren auch bei uns legal sein. Die Debatte wird jedenfalls weitergehen, denn das Thema ist noch lange nicht an einem Ende angelangt.

Der Schwangerschaftskonflikt ist ein Dilemma und er bliebe es selbst dann, wenn wir in einer perfekten gerechten Gesellschaft leben würden. Wenn sich keine Frau mehr aufgrund äußerer Umstände die Frage stellen müsste, ob sie ein Kind in die Welt setzen kann, wird es immer noch Frauen geben, für die der einzige Grund »Ich möchte nicht schwanger sein« lautet. Realistisch betrachtet wird es die vermeintliche »Notwendigkeit« zu Abtreibung damit immer geben. Ich glaube fest daran, dass es gelingen kann, so viel Bewusstsein für die Würde der Ungeborenen zu schaffen, dass diese Fälle irgendwann die Ausnahme sind. Auch wenn es manchmal nicht danach aussieht: Jeden Tag gelangen Menschen zu der Erkenntnis, dass auch die Ungeborenen Menschen mit Wert und Würde sind und dass ihr gewaltsamer Tod kein Teil der normalen Gesundheitsversorgung sein kann. Manche werden durch Argumente davon überzeugt, andere wiederum bringen persönliche Erfahrungen mit Abtreibung oder Elternschaft zum Umdenken.

Ich stelle mir immer wieder selbst die Frage, ob ich unter irgendwelchen Umständen meine Meinung ändern würde. Die Antwort lautet: Sollte es jemals dazu kommen, dass herausgefunden würde, dass ein Embryo kein lebendiges menschliches Individuum ist, sondern von seinem Wesen her etwas völlig anderes, dann würde ich meine Meinung ändern. Ich bin mir ziemlich sicher, dass das nie der Fall sein wird. Aber wenn ich falschliege, habe ich ein paar Menschen verärgert und erwachsenen Frauen unnötig ein schlechtes Gewissen gemacht. Wenn die andere Seite falschliegt, wurden Millionen unschuldiger Menschen gewaltsam und unrechtmäßig getötet. Ich möchte nicht das Risiko eingehen, das gebilligt zu haben.

Meine persönliche Erfahrung aus dem Diskurs ist, dass wir oft viel mehr Angst davor haben, als nötig wäre. Die meisten Menschen sind zumindest im wahren Leben sehr »gesittet« und gesprächsbereit. In Zeiten wie diesen, in denen man den Eindruck bekommen kann, dass sich die Gesellschaft mehr und mehr spaltet, ist es umso wichtiger, bewusst den Dialog zu suchen und andere Meinungen auszuhalten. Seien wir uns darüber im Klaren, dass weder die sozialen Medien noch die klassischen Medien die Realität eins zu eins widerspiegeln, sondern Extreme überzeichnen und Grautöne eher verschwinden lassen. Und verlassen wir die Komfortzone unserer eigenen Meinungsblase ab und zu, um von anderen zu lernen. Es lohnt sich, versprochen!

Anmerkungen

1 Der Koalitionsvertrag der Ampelregierung aus dem Jahr 2021 ist abrufbar unter www.bundesregierung.de (Stand Mai 2023).
2 https://www.destatis.de/DE/Themen/Gesellschaft-Umwelt/Gesundheit/Schwangerschaftsabbrueche/_inhalt.html.
3 Influencerin Anne Wünsche (@anne_wuensche) in ihrer Instagram-Story vom 14.04.2023.
4 Man könnte auch andere Begriffe für die Pole verwenden, wie Recht – Unrecht, gut – böse, positiv – negativ.
5 Jacobs, S. A. (2021). The Scientific Consensus on When a Human's Life Begins. In: Issues in Law & Medicine, Volume 36, Number 2.
6 Van Manen, Justina (2022). Genug geschwiegen! Schwierigen Abtreibungsfragen selbstsicher begegnen. Bernardus Verlag.
7 https://www.bpb.de/themen/umwelt/bioethik/33779/wann-beginnt-das-recht-auf-leben/.
8 https://www.aerzteblatt.de/archiv/201945/Schwangerschaftsabbruch-Ein-moralphilosophischer-und-rechtlicher-Kompromiss.
9 https://www.spektrum.de/lexikon/biologie/parasiten/49484.
10 https://www.meduniwien.ac.at/web/ueber-uns/news/detail/kind-heilt-mutter-waehrend-der-schwangerschaft/.
11 Greg Koukl (1997). Arguments For The Humanness Of A Fetus. In: Journal of Christian Apologetics 1:1, Summer 1997, S. 89.
12 https://unric.org/de/allgemeine-erklaerung-menschenrechte/.
13 https://www.un.org/en/about-us/universal-declaration-of-human-rights.
14 https://twitter.com/stealthygeek/status/920085535984668672?lang=en.
15 Wortneuschöpfung: Erwachsene als Norm verstehend.
16 Deutscher Bundestag (2018). Der Schutz des ungeborenen Lebens in Deutschland. WD 7-3000-256/18.
17 An dieser Stelle erfolgt keine juristische, sondern eine philosophische bzw. ethische Betrachtung der Fragestellung.
18 https://unric.org/de/allgemeine-erklaerung-menschenrechte/.
19 Thomson, J. J. (1971). A defense of abortion. In: Philosophy & Public Affairs, 1(1), S. 47-66.

20 Derbyshire SW, Bockmann JC (2020). Reconsidering fetal pain. In: Journal of Medical Ethics, 46, S. 3-6.

21 Dorie im Pixar-Animationsfilm »Findet Nemo«.

22 Behindertenfeindlichkeit.

23 https://www.destatis.de/DE/Themen/Gesellschaft-Umwelt/Gesundheit/Schwangerschaftsabbrueche/Tabellen/03-schwangerschaftsabbr-rechtliche-begruendung-schwangerschafts dauer_zvab2012.html.

24 Nach Angaben des statistischen Bundesamts sind nur ca. 3 % der Behinderungen angeboren: https://www.destatis.de/DE/Presse/Pressemitteilungen/2018/06/PD18_228_227.html.

25 Unter anderem: Finer, L. B., Frohwirth, L. F., Dauphinee, L. A., Singh, S., Moore, A. M. (2005). Reasons U. S. women have abortions: quantitative and qualitative perspectives. In: Perspect Sex Reprod Health. 2005 Sep, 37(3), S. 108-110.

26 »[E]ine rhetorische Figur, um einen Missstand durch den Verweis auf einen anderen zu relativieren.« (de.wikipedia.org/wiki/whataboutism).

27 www.lozierinstitute.org/pcr2020.

28 Donovan, C. (2023). Expanding State and Federal Support for Decisions for Life. In: American Report Series, 23.

29 Jahresbericht 2021von Pro Femina e.V.: https://www.1000plus.net/sites/default/files/documents/Jahresbericht_2021.pdf.

30 § 5 SchKG.

31 Pro Familia Bundesverband (2017). Schwangerschaftsabbruch. Fakten und Hintergründe. Online abrufbar unter: https://www.profamilia.de/fileadmin/publikationen/Fachpublikationen/Schwan gerschaftsabbruch/Hintergrund-Schwangerschaftsabbruch.pdf.

32 https://www.zdf.de/nachrichten/panorama/schwangerschaft-abbruch-abtreibung-umfrage-paragraf-218-100.html.

33 @abortionbuddy auf Instagram: Post vom 26. 06. 2023.

34 @villavie_ auf Instagram: Post vom 15. 11. 2023.

35 https://www.who.int/news-room/fact-sheets/detail/abortion.

36 Levine, P. B., & Staiger, D. (2004). Abortion Policy and Fertility Outcomes: The Eastern European Experience. In: The Journal of Law & Economics, 47(1), S. 223-243. https://doi.org/10.1086/380475.

37 Dench, Daniel & Pineda-Torres, Mayra & Knowles Myers, Caitlin (2023). The Effects of the Dobbs Decision on Fertility (November 15, 2023).

38 Eine schöne Übersicht über Forschungsergebnisse findet sich unter: https://www.sundaysforlife.org/de/blog/post/linksammlung-indizien-dafur-dass-lebensbejahende-gesetze-die-zahl-ungeplanter-schwangerschaften-senken.

39 Dt.: »Lasst uns Abtreibungen selten, sicher und legal machen«.

40 Dt.: »Abtreibung auf Verlangen und ohne Entschuldigung«.

41 https://www.liveaction.org/news/bernard-nathonson/.

42 Zum Beispiel Women on Web.

43 Diskriminierung von Lebewesen aufgrund der Zugehörigkeit zu ihrer Spezies, insbesondere gegenüber dem Menschen.

44 https://aerzte-fuer-das-leben.de/fachinformationen/schwangerschaftsabbruch-abtreibung/post-abortion-syndrom-pas/.

45 https://www.profamilia.de/fileadmin/profamilia/verband/Post_abortion_syndrome.pdf.

46 Foster, Diana Greene (2020). The Turnaway Study: Ten years, a thousand Women, and the Consequences of Having – or Being Denied – an Abortion. New York u. a., Scribner.

47 Daher der Name der Studie: Turnaway (engl.) = zurückweisen.

48 Reardon, D. C. (2018). The Embrace of the Proabortion Turnaway Study: Wishful Thinking? or Willful Deceptions? In: The Linacre Quarterly, 85(3), S. 204-212.

49 Fergusson, D. M., Horwood, L. J. & Boden, J. M. (2008). Abortion and mental health disorders: evidence from a 30-year longitudinal study. In: Br J Psychiatry, 2008 Dec, 193(6), S. 444-451.

50 Cohen, Susan A. (2006). Abortion and mental health: myths and realities. In: Guttmacher Policy Review, vol. 9 no. 3, summer 2006, S. 8ff.

51 Reardon, D. C. (2018). The abortion and mental health controversy: A comprehensive literature review of common ground agreements, disagreements, actionable recommendations, and research opportunities. In: SAGE Open Med, 2018 Oct 29, 6:2050312118807624.

52 https://www.zeit.de/politik/ausland/2022-09/ungarn-abtreibung-schwangerschaftsabbruch-frauen-herztoene-embryo.

53 Gynäkologin Bettina Gruber bei 13 Fragen: https://www.youtube.com/watch?v=qUm5zuPcu2U.

54 https://www.theguardian.com/world/2022/oct/18/pregnancy-weeks-abortion-tissue.

55 Dt.: »Es tut manchmal trotzdem noch weh, aber ich schätze, das ist normal.« shoutyourabortion.com/share/7795.

56 Quelle: Statistisches Bundesamt.

57 Bundesministerium für Familie, Senioren, Frauen und Jugend (2004). Lebenssituation, Sicherheit und Gesundheit von Frauen in Deutschland, S. 17.

58 Holmes et al. (1996). Rape-related pregnancy: Estimates and descriptive characteristics from a national sample of women. In: American Journal of Obstetrics and Gynecology, 175(2). Mahkorn, Sandra (1979). Pregnancy and Sexual Assault. In: Mall, Watts. The Psychological Aspects of Abortion. University Publications of America, Washington, D. C., S. 55-69.

59 Holmes et al. (1996). Rape-related pregnancy: Estimates and descriptive characteristics from a national sample of women. American Journal of Obstetrics and Gynecology, 175(2). Basile et al. (2018). Rape-Related Pregnancy and Association With Reproductive Coercion in the U.S. In: American Journal of Preventive Medicine 55(6).

60 https://www.liveaction.org/what-we-do/investigations/aidingabusers/.

61 Mangelsdorf, J., Eid, M., & Luhmann, M. (2019). Does growth require suffering? A systematic review and meta-analysis on genuine post-traumatic and postecstatic growth. In: Psychological Bulletin.

62 https://www.destatis.de/DE/Themen/Gesellschaft-Umwelt/Gesundheit/Schwangerschaftsabbrueche/Tabellen/03-schwanger schaftsabbr-rechtliche-begruendung-schwangerschaftsdauer_zvab2012.html.

63 https://www.aerztezeitung.de/Politik/Trisomie-21-Diagnose-fuehrt-meist-zur-Abtreibung-295904.html.

64 @secularprolife auf Twitter/X am 27.02.2023, übersetzt aus dem englischen Original.

65 Dt. in etwa »Fürsorge-Arbeit«, umfasst alle Tätigkeiten, die Haushalt, Kinder und zu pflegende Angehörige, deren Versorgung und Betreuung betreffen.

66 Im englischen Original: »When our liberation costs innocent lives, it is merely oppression redistributed.« www.newwavefeminists.com.

67 Die grausamen Details werden an dieser Stelle erspart, es wird jedoch allen, die dieses Buch lesen, empfohlen, die genaue Wirkungsweise verschiedener Abtreibungsmethoden selbst zu recherchieren, falls man dazu emotional in der Lage ist.

68 https://www.youtube.com/watch?v=oBDeuzBURZQ.

69 Helfferich et al. (2021). Unintended conceptions leading to wanted pregnancies – an integral perspective on pregnancy acceptance from a mixed-methods study in Germany. In: The European Journal of

Contraception & Reproductive Health Care, 26(3), S. 227-232, DOI: 10.1080/13625187.2020.1870951. Jones, R. K. (2018). Reported contraceptive use in the month of becoming pregnant among U. S. abortion patients in 2000 and 2014. In: Contraception, Vol. 97, Issue 4, S. 309-312. Elsevier BV. https://doi.org/10.1016/j.contra ception.2017.12.018.

70 Da ich keinerlei Ahnung von Auren, energetischen Frequenzen und Sternzeichen habe, erhebe ich keinen Anspruch darauf, dass die hier formulierte Aussage irgendeinen Sinn ergibt.

71 https://www.stern.de/politik/abtreibungen--es-ist-unsere-entscheidung--30551176.html.

72 https://mother-hood.de/informieren/situation-geburtshilfe/.

73 Marshall B. Rosenberg. Gewaltfreie Kommunikation. Eine Sprache des Lebens. 12. überarbeitete Auflage. Junfermann, Paderborn 2016.